中华先烈人物故事汇

柳直荀

军事科学院解放军党史军史研究中心

学习出版社

中华先烈人物故事汇《柳直荀》编委会

主　任：陈传刚

副主任：陈秋波　陈永红　周　鑫

编　委：郭　芳　褚　杨　王　冬
　　　　王　雷　黄学爵　刘向东

主　编：曲宝林

编　著：许　详　王　冬

目 录
Contents

引 子

　　"我失骄杨君失柳，杨柳轻飏直上重霄九。问讯吴刚何所有，吴刚捧出桂花酒。寂寞嫦娥舒广袖，万里长空且为忠魂舞。忽报人间曾伏虎，泪飞顿作倾盆雨。"

　　这首毛泽东于20世纪50年代写下的《蝶恋花·答李淑一》，至今仍在广为流传。词中的"骄杨"，指的是毛泽东的妻子杨开慧烈士；"柳"，指的是李淑一的丈夫、毛泽东早年的同学和战友柳直荀烈士。毛泽东借用"杨柳"，表达了对两位烈士浓浓的追思和悼念之情。

　　柳直荀，是忠诚的共产主义战士，鄂西北革命根据地的创建者之一和土地革命战争时期的红军高级将领。1898年11月，柳直荀出生在湖南省长沙县高桥镇方塘冲的一个书香世家。他的父亲柳大谧，字午亭，为寻救国之途，曾留学日本，结识了中国民主革命的先行者孙中山先生。他给儿子取名直荀，就是取《荀子·劝学》中"蓬生麻中，不扶自直"之意，希望自己的孩子能够刚正不阿、有所作为。柳直荀没有辜负父亲的希望，在毛泽东等人的影响下，走上了救国救民的革命道路。

柳直荀与毛泽东相识、相交是在杨昌济老先生的住所中。杨柳两家是世交，有着"交情三世久，春色两家分"的密切关系。1912年，14岁的柳直荀考入长沙广益中学。在长沙求学期间，柳直荀就住在杨昌济家中。不久，毛泽东也来到湖南省立第一师范学校读书，很快就成为杨昌济的得意弟子。柳直荀和毛泽东也成了志同道合的好友，柳直荀以毛泽东为榜样，学习各种文化知识，加强体育锻炼，为之后进行革命斗争打下良好基础。

1916年，柳直荀以优异的成绩考入长沙雅礼大学预科班。他积极组织学生参加集体活动，热心为同学服务，被推选为学校体育会会长和学生会会长。在校期间，柳直荀与学校基督教会组织作斗争，为广大在校学生争取到不少权利。

1919年5月4日，具有彻底反帝反封建的革命性、追求救国强国真理的进步性、各族各界群众积极参与的广泛性的五四运动爆发了。5月28日，在毛泽东的领导和推动下，柳直荀和其他长沙爱国学生成立湖南学生联合会，柳直荀担任省学联评议部部长。在柳直荀等人的积极宣传和不停奔走下，长沙大部分学校于6月初举行了总罢课，以声援北京的学生爱国运动。同年年底，在柳直荀的积极参与和组织下，湖南各界人士成功将军阀张敬尧驱逐出境。

五四运动后，在毛泽东的影响下，柳直荀进一步确立了马克思主义信仰，1920年加入社会主义青年团，成为湖南地区最早的团员之一。1924年2月由何叔衡等人介绍，加入中国共产党，成长为一名优秀的共产主义战士。

柳直荀入党不久，就从雅礼大学毕业，到长沙协均中学教书，还担任过校长。他以教书为掩护，为党开展革命的教育工作，传播革命道理，并积极参加湖南的工农运动。1926 年北伐战争开始后，在柳直荀等人的发动下，湖南农民运动迅猛发展，各级农协组织纷纷建立起来。作为湖南省农民协会的领导者之一，柳直荀代表农协与地方军阀罗先闿谈判，成功收缴了军阀手中的武装并壮大了革命的武装力量。同年年底，经过柳直荀等人紧张筹备，湖南省第一次工人代表大会和湖南省第一次农民代表大会同时在长沙召开，柳直荀当选为农民代表大会主席团秘书长。

四一二反革命政变发生后，柳直荀临危不乱，迅速展开相关应对工作。1927 年 5 月 21 日，许克祥在长沙发动马日事变。柳直荀带领自卫队员和反动军队激战一整夜，终因寡不敌众，突围离开长沙。8 月 1 日，柳直荀参加八一南昌起义。之后又转战于上海、天津从事地下工作。1929 年，中共中央委派柳直荀担任中共中央军事部巡视员，同时兼任中共湖北省委书记，参加了红 6 军的创建工作。1930 年 7 月，红 6 军和红 4 军（合编时改称红 2 军）合编为红 2 军团，柳直荀担任军团政治部主任，在军团总指挥贺龙、政治委员兼前委书记周逸群的领导下，率军转战湘鄂西，其间参与指挥解放监利、均州、房县等战斗，并为开辟革命根据地作出重要贡献。

1931年1月，以王明为代表的"左"倾教条主义错误路线在党的领导机关内开始了长达4年的统治。1932年，以夏曦为首的中共中央湘鄂西分局大搞肃反扩大化，遭到柳直荀等人的坚决反对。他们怀恨在心，随即撤销了柳直荀在红军中的职务，调他任湘鄂西苏维埃政府财政部部长。不久，又以莫须有的罪名将柳直荀逮捕。9月中旬，在洪湖苏区完全失陷时，柳直荀惨遭杀害于湖北省监利县周老嘴，时年34岁。

如同一颗流星滑落夜空，柳直荀"惨作王明路线牺牲，长令后人掩史太息"。1945年4月，中共中央为柳直荀平反昭雪并追认为革命烈士。英雄虽已远去，但精神长存世间。

他为理想信念义无反顾。柳直荀生于书香门第，毕业于雅礼大学，再加上英语很好，可谓"钟三湘灵秀"，前途似锦。但是，为了崇高理想和人民利益，他毅然放弃优越的生活条件，别妻离子，致力于"唤醒睡狮中国"，展现出坚强不屈的意志、坚忍不拔的毅力和一往无前的英雄气概。

他对党和人民无比忠诚。柳直荀在逆境中不动摇、不退却，以34岁的革命生涯实现了做"一个正直的共产党员"的人生追求，展现了坚持真理、疾恶如仇、光明磊落、刚正不阿的高尚品格和艰苦朴素、克己奉公的优良作风，塑造了忠诚为党、奋不顾身的共产主义战士的光辉形象。

他投入革命斗争无所畏惧。柳直荀在那"长夜难明赤县天"的日子里，与工农劳苦大众同生共息，影响和带动有志青年"向黑暗，猛攻击！""不贪生，死何惧？""洒热血，染红旗！"最终"临危不苟免，魂飘重霄久"，"成革命先驱"。他那种正直勇毅、不畏牺牲、坚定信仰的革命精神，值得每一位共产党员和青少年朋友学习和敬仰，永远激励着我们在中华民族伟大复兴的征程中踔厉奋进，勇毅前行！

不凡家世

　　位于长沙市东北方向的长沙县，自古就有"三湘首邑，荆楚重镇"的美誉。早在距今7000年前就有先民定居于此繁衍生息，明朝更名为长沙府，1912年撤府并县，1933年设立长沙市，市县分治。这里不仅风景优美，更是名人辈出。黄兴、徐特立、许光达、李维汉、杨开慧、柳直荀等一大批革命先辈都从在这里出生和成长。

　　在距长沙市区约60公里处，有一个碧波荡漾、鸟飞鱼跃的千亩湖泊——白鹭湖，这里群山环抱、峰峦叠嶂，碧水映衬、波光倒影，飞鸟翔集、游鱼戏水，每年3月至10月，有数以万计的白鹭在此繁衍生息，有南方"镜泊湖"之美称。柳直荀的出生地长沙县高桥镇就位于美丽的白鹭湖西岸。

相传农历正月十五元宵节，有一顽童看花灯时不慎从桥上失足掉下，这一落就是百余日过去，到农历五月初五端午节，恰好落在桥下龙舟上，"高桥"之名由此而来。湘地方言中将屋门口的小水坑称作"塘"，将山间的平地称作"冲"，高桥镇里有一个叫方塘冲的地方，顾名思义这里青山翠竹环抱，一条清澈的山间溪流进入冲内形成一泓方形的池塘。每当春季到来，这里遍地桃花盛开，方塘冲的池水清澈见底，犹如明镜，把方塘冲装点得分外妖娆。在方塘冲两岸的山坡丘陵上，矗立着一幢幢错落有致的青砖瓦房，其中一座建造别致且正对着方塘的宅院，便是柳家府宅，由其祖辈于清朝光绪年间建造，是坐北朝南、大三进两天井的土墙青瓦屋舍。1898 年 11 月，柳直荀便出生在这座宅院之中。

据长桥柳氏族谱记载，柳氏系长沙望族，鼻祖为"坐怀不乱"的柳下惠。元朝大德年间，柳下惠后裔由湖南浏阳徒步至长沙沙溪塘山，成为长桥柳氏开宗之主，柳直荀为长桥柳氏第 18 代孙。柳氏先人祖祖辈辈"皆习科举之业"，"每代专做教书的工作"，可谓世代书香，家学渊源。先世居白马嘴有一个时期，稍有田产。后因负债被逼，无奈将住宅和田产变卖，遂成赤贫。

柳直荀的祖父柳正荣，清末光绪年间科考中举，因不满朝廷腐败、报国无门，便靠教书攒下的钱财在方塘冲购置田产和住所，在这个世外桃源避世隐居。他还在东乡开设学馆，执教数年，成为当地一位很有名望的学者。

柳直荀的母亲肖氏出生于私塾先生之家，因其母亲早亡家境贫困，14 岁就嫁到柳家，是一位典型的家庭妇女，通情达理、贤惠善良、勤劳简朴、乐于助人，经常接济周围的困难邻居。

柳直荀的父亲柳大谧，字午亭，是一位爱国知识分子。他身材高大，非常注重锻炼身体，一年四季用冷水洗脸洗澡，寒冬不烤火，酷暑不解衣，说话直爽。柳大谧从 21 岁起便子承父业，其教书生涯与长子柳直荀生年同步。后来，受康有为、梁启超维新变法思想影响，主张清政府变法革新。1903 年，辞去私塾教师职业，考入南京陆师学堂学习现代知识，希望能为国家整军经武、逐步强盛贡献一份力量。但学习刚满一年后，因不满清政府腐败无能、国家日益衰落，以及对学堂诸事"深感失望"，愤而退学。为求兴邦之道，柳大谧由湖南地方政府选派东渡日本留学。在日本期间，柳大谧不仅潜心研修国外的教育和科技知识，还结识了一批志同道合的爱国人士，其中就有湖南同乡、华兴会的创始人之一黄兴。柳大谧在学习之余经常与黄兴等人一起探讨国家的前途命运，认为未来民族复兴，改变国家积贫积弱的现状，不仅要发展教育、崇尚科学，而且还要推翻封建腐朽的清政府。

为了团结一切革命力量，柳大谧陪同黄兴在日本多次与孙中山先生会晤，并帮助促成了孙中山与黄兴的联合，为黄兴的华兴会与孙中山的兴中会合并为同盟会作出贡献，柳大谧本人也成为最早的同盟会成员之一。留学 10 年，他亲耳听到在清政府勾结下，日本军国主义妄图灭我中华的狂妄叫嚣，十分担心国家命运。为了强健体魄，他学习拳术，相传拳技过人，能敌数人而气不喘，曾打败前来挑衅的日本拳师。为了同盟会进一步发展，柳大谧于海内外积极动员联络，向广大国人和华侨同胞宣传革命道理，坚决拥护和支持辛亥革命。

中华民国建立后，柳大谧踌躇满志回国。但当他看见新建立的民国政府腐败依旧，贪官横行，遂感失望至极。在湖南，他体察到立宪派谭延闿篡夺革命成果，使革命后成立的政府换汤不换药，便婉言谢绝了当官的邀请，毅然回乡教书，还兴办学校，翻译外国名著、教授学生新学知识，逐渐成为长沙地区威望较高的学者。柳大谧曾取"方塘冲"谐音，在门庐上题写"荒唐冲"名，自嘲为"荒唐者居荒唐屋举推翻旧政的荒唐事"，撰写荒唐屋联："洪荒宇宙，汉唐规模。"后来，他在祖宅门楣上题写"黄棠山庄"四字，并将家训"厚道载福，和气致祥"题写在门联上。

柳大谧在教书育人之时也恪守家训，痛恨贪官污吏，并希望自己后人刚正不阿，不随世俗沉浮，不与坏人同流合污，因而为儿子取名"直荀"，取自《荀子·劝学》中"蓬生麻中，不扶自直"之意，表达了他对孩子所寄予的期望。

　　1916 年夏，毛泽东徒步"游学"到长沙板仓，向暑假在家休息的杨开慧的父亲杨昌济老先生求教。经杨昌济举荐，毛泽东又步行 20 多公里来到方塘冲向柳大谧请教体育和武术，还探讨了文学、历史和国家大事，两人畅所欲言、相谈甚欢，柳大谧还为毛泽东演练起拳术。当夜，毛泽东留宿黄棠山庄。第二日，返回板仓后，毛泽东对杨昌济说此行收获颇丰，"柳先生在体育的研究和实践上，都有较高的造诣，很多地方值得效法"。之后，毛泽东专门写了一篇题为《体育之研究》的文章，在《新青年》杂志发表，被誉为"我国最早以近代科学的观点系统论述体育的专论，开一代之风气"。

激荡时代

柳直荀出生在中华民族苦难深重的时代，可谓国破山河碎，风雨如晦。

19世纪下半叶，科学技术飞速发展引发了第二次工业革命，工业革命又促使了资本主义迅速发展，并开始向垄断阶段过渡。变革旧的制度和旧的生产力，发展资本主义，成为当时的世界潮流。资本主义政治制度在长期的发展中日趋完善，英、美等国实现了文官制度改革，整顿吏治，提高行政管理效率，保障了资本主义社会的正常运行。中国的近邻日本通过明治维新走上发展资本主义的道路并迅速崛起，开始积极对外扩张，矛头直指中国。1895年，腐朽的晚清政府在甲午战争中失败，签署《马关条约》向日本割地赔款。开放口岸后，国内民族危机进一步加剧，被迫在"实业救国"的呼声中大力发展民族工业，民族资本主义得到初步发展。洋务运动加速了资产阶级维新思想的产生和不断发展，最终形成一场以康有为、梁启超为代表的资产阶级维新派人士通过争取光绪帝支持，进行倡导学习西方，提倡科学文化，改革政治、教育制度，发展农、工、商业等的变法维新运动。

柳直荀出生那年，正值康有为、梁启超等发动戊戌变法。

新法从 1898 年 6 月开始实施，主要内容是：改革政府机构，裁撤冗官，任用维新人士；鼓励私人兴办工矿企业；开办新式学堂吸引人才，翻译西方书籍，传播新思想；创办报刊，开放言论；训练新式陆军海军；科举考试废除八股文，取消多余的衙门和无用的官职。但因变法损害到以慈禧太后为首的守旧派的利益，而遭到强烈抵制与反对。1898 年 9 月 21 日，慈禧太后发动政变，光绪皇帝被幽囚，维新运动瞬间夭折，康有为、梁启超分别逃往法国、日本，谭嗣同等"戊戌六君子"被杀，历时 103 天的变法失败。

戊戌变法虽然被残酷镇压，但作为一次具有

爱国救亡意义的变法，维新运动成为中国近代史上一次重要的政治改革和思想启蒙运动，它传播的变法图强思想，打开了一直寻求救国道路的柳氏父子的心扉。

同年至 1900 年，义和团运动兴起，逐渐发展成为一场震撼中国大地的以农民为主体的反帝爱国运动。

柳直荀出生的第二年，清政府迫于英帝国主义的要求，开辟岳州（今岳阳）为通商口岸，帝国主义势力开始侵入湖南。柳直荀出生的第三年，八国联军开始侵略中国，使得民族矛盾异常尖锐激烈，各地变法图强的大潮暗流涌动。

之后，按照《中英续议通商行船条约》规定，长沙也被开辟为通商口岸，帝国主义依靠坚船利炮攫取了种种特权，掌握海关、开设领事馆、开办内河航运，外商以长沙为据点，从全省掠走大量廉价的矿产品、农副产品、土特产和部分日用工业品，其中鞭炮、土布大量出口。那时，长沙已有英、美、德、日等国设立的洋行 17 家。日本商界为打开湖南市场，曾派员来长沙进行调查，其报告中称"长沙为本省商业中心，复而为消费焦点，凡外国输入品，多先输卸于此，然后散销于其他市镇……其为日本的飞腾地无疑"。很快，日本商行超过英国居第一位。同时，也催生了当地由男耕女织、自给自足的自然经济，向社会化自由市场进行资源调配的商品经济转变。

在这一过程中，为了打破帝国主义眼中的这座"铁门之城"，封建豪绅与外国列强进一步勾结，加深了湖南人民痛苦，同时也增强了湖南人民反帝反封建的斗争。

柳直荀出生的第五年，柳大谧考入南京陆师学堂之后，柳直荀在家跟随祖父、母亲生活。一年后，刚满6岁的柳直荀，开始随祖父柳正荣读书。祖父对学生要求非常严厉，他在讲解完《三字经》《论语》之后，要求学生能够流畅地背诵其内容，并逐字理解文中意思，对背不全、讲不清的学生，就打手心，但柳直荀因学习刻苦、成绩突出而很少在学馆受到惩罚。

一次上课对对联，柳老先生在墙上贴了3个字"狗尾草"，让学生们对下联，又在墙上贴了

"一等人……两件事……"，让学生续写对联。学生们看到后纷纷七嘴八舌地议论，有"狗尾草"对"牡丹花""鱼腥草"的，有对"无花果""黄花菜"的。至于续写对联，有的说"一等人荣华富贵；两件事做屋置田"，有的说"一等人光宗耀祖；两件事升官发财"，而柳直荀的对子却与众不同，"狗尾草"柳直荀对的是"鸡冠花"，续写对联柳直荀写的是"一等人忠臣孝子；两件事读书耕田"。祖父听后，连连称赞，并说："忠臣孝子堪称一等人，读书耕田乃人生两件大事，符合千年古训，对得好，对得妙啊！"

祖父对柳直荀寄予厚望，故对其要求格外严格。一年冬天，长沙天降大雪，正在屋中练字的柳直荀被窗外的大雪和院墙外小孩子玩雪嬉戏的声音吸引，由于三心二意，字写得歪歪斜斜，还有错别字，祖父检查后大发雷霆。见到祖父生气，柳直荀吓得低声说："爷爷，我知道错了。因为外面下雪，我想去外面玩。您不要生气，我重新练字，这次字一定写得让您满意。"

祖父语重心长地说："孩子，人要为自己的选

择承担一切责任。教你读书识字之时就给你立了规矩。今天你的字不但没写工整，还有出错之处，既然坏了规矩，就理应接受惩罚。到院子里跪上半个时辰吧。"柳直荀接受惩罚，老老实实地走到院子中跪了半个时辰，自此柳直荀更加自律。

柳直荀受祖父的影响很深，因仰慕祖父的学识和品格，柳直荀便把祖父书房和书桌前的两句诗工整地抄录下来，一句是："尽日望云心不系，有时看月夜方闲。"出自唐代诗人元稹的《幽栖》。另一句是："观书老眼明如镜，论事惊人胆满躯。"出自宋代爱国诗人辛弃疾的《送湖南部曲》。这两句诗也成为柳直荀一生的座右铭，勉励自己勤奋学习，做一个志存高远的人。

柳直荀的父亲留学日本期间，在给家人的信中，也常常宣传寻求国家和民族振兴的民主主义思想。他还特别关心柳直荀的成长，鼓励孩子要精通学艺，锻炼体魄，"将来做改造社会之健将"。父亲的鼓励，给了柳直荀学习的动力。柳直荀的母亲十分疼爱自己的子女，有时见到柳直荀被祖父体罚，总是想方设法为他解困。

柳直荀的童年，就在这样一个风云激荡的时代和严厉而又慈爱的家庭中度过。

爱国爱民

柳直荀家庭虽然富有，但是并不歧视穷人。柳直荀幼年时期经常与邻家农户孩童一起玩耍，还向农户学习各种农业生产知识。

1911 年，辛亥革命爆发后，13 岁的柳直荀走出家门，到两三公里外的高桥镇新办的国民高等小学读书。该学校实行初小、高小八年制，柳直荀就读高小六年级。这里没有了私塾中死读书的沉闷，也少了许多束缚学生天性的清规戒律，柳直荀感到视野又开阔了许多。他勤奋好学，成绩优异，除了完成学校要求的功课，还阅读了大量课外书籍，如《水浒传》《三国演义》以及明清时期的一些英雄故事。同学们都喜欢听他讲林则徐虎门销烟等事迹，柳直荀也被这些书籍中英雄人物的斗争精神所感染，以这些英雄好汉为榜样，同情穷人，疾恶如仇。

这一年，长沙发生旱灾，农田颗粒无收，很多农民只得四处乞讨。一天中午，柳直荀看见一位中年妇女领着4个孩子在饭馆门前乞讨，他心情很沉重，主动给母子们买了米饭，还亲手给最小的孩子喂饭。他一边喂饭，一边控诉社会的黑暗，周围人听了都感动地同声相应。当时，长沙县的劣绅叶德辉派自己手下的歹徒来高桥镇向农民催逼债务，对无法偿还的农民拳打脚踢，甚至捆绑吊打。恰巧柳直荀和同学们路过，便急忙上前劝阻。为首之人凶神恶煞地说："种田交租，欠债还钱，天经地义，谁让你们多管闲事？！"柳直荀义正词严地说："当下灾荒严重，农民苦不堪言，哪里有钱交租？倒是你们要拿一些钱财出来赈灾才是！"在场的围观群众也异口同声地说："这学生娃说得在理，你们快运些粮食来赈灾吧！"这些歹徒眼看群情激愤，只得灰溜溜地逃走了，当场还有人编出了顺口溜："叶德辉，良心昧，灾荒年，把租催，遇到学生来讲理，听说赈灾便逃回。"

柳直荀在学校里遵循他母亲平日里的教导：不欺穷，不凌弱，要有同情心，要乐于助人。他和同学们和睦相处，与贫困的学生情同手足。当他得知一个同班同学因父亲上山砍柴摔断了腿，几天没上学，十分同情，便约了两个好友，前去慰问。他们帮助那个同学担水、喂猪，柳直荀还帮那个同学补课。第二天，柳直荀还在班上发起捐款活动，并积极带头，从自己家里背来一袋米，连同募捐到的钱，一起送到那个贫困同学家里。那个同学的父母十分感动，就同意让自己的孩子返校上课。

柳直荀看到很多农民生活困难、衣不蔽体，便对母亲说："我看到许多农户吃不饱穿不暖。我们兄弟姐妹几个都长大了，我们小时候的衣服已经用不上，拿出来一些送给他们吧。"心地善良的母亲听到柳直荀有这样的想法很是欣慰，和柳直荀一起整理出来一部分不用的旧衣物送给贫困的乡邻。此时，柳直荀开始思考一个问题：这么多穷人，什么时候才能吃饱穿暖？

柳直荀曾经拿着这个问题去问父亲。父亲道：

"让穷人不愁吃穿，只怕要改造当今社会才行。首先，要精通学艺、强身健体，将来才能做改造社会之健将；其次，要多多学习，如果要找到改造社会的思想武器，你可以多看孙中山先生的《三民主义》；最后，在这个黑暗的社会不要同那些心术不正之人同流合污，要善于结交志同道合者。"在祖父、父亲的指导和教育下，柳直荀从小就打下了坚实的文化基础，并养成了勤劳、善良、淳朴的优良品格。

革命者的英雄气概、祖父正义刚直的行为、父亲的时刻鼓励、母亲关心劳动人民疾苦的美德，这些无不深深影响着柳直荀。生活就像一本厚重的无字书，柳直荀从家人们身上学到了爱祖国、爱人民、爱劳动，这为他以后走上革命道路奠定了坚实基础。方塘冲的老屋、高桥镇的学堂，越来越难以容下柳直荀的视野和梦想。他像一只将要长大的雏鹰，渴望着要冲出养育他的这个小天地，到广阔的历史大舞台中展翅翱翔。

长沙求学

1912年秋，14岁的柳直荀以优异的成绩考入长沙广益中学。从乡村到省城，这一年成为柳直荀人生的一个重要转折点，在此他校准了今后的追求方向和人生道路，也成为他探索更加广阔天地的新起点。

长沙，这座经历3000年，城名、城址都不曾改变的古老城市，亘古不惊地接纳了肩挑简单行囊和书籍的柳直荀。雄踞东南城墙上的天心阁，仿佛向柳直荀讲述着这座城市的辉煌过去。这里曾是战国时楚国在南方的战略要地，后为汉长沙国和南楚的国都，历代都是湖南及周边的政治、经济、文化、交通中心，有屈原之乡、楚汉名城、潇湘洙泗之称，既是清末维新运动和旧民主主义革命的策源地之一，又是新民主主义的发祥地之一，凝练出"经世致用、兼收并蓄"的湖湘文化。

清初，俞仪曾在这里写下《天心阁眺望》一诗："楼高浑似踏虚空，四面云山屏障同。指点潭州好风景，万家烟雨画图中。"诗中的意境是楼台高峙，俯瞰全城，蔚为壮观。而如今，少年柳直荀一到长沙城映入眼帘的却是：一艘插着外国国旗的快艇长驱直入，将迎面一条躲闪不及的小船撞翻，一众外国人站在船舷上看落水人的热闹；码头上，几个监工手持木棍、皮鞭，呵斥着光着膀子扛着写有"猪肉""猪鬃"麻袋的瘦弱苦力。这是号称开风气之先的长沙给柳直荀留下的第一印象。"我们的国家这是怎么了？为什么会是这样子？"柳直荀嘴里嘟囔着，心中疑惑不解。

跨进中学的门槛，学校开设的国文、算术、常识等新鲜课程，仿佛像海绵吸水一样牢牢地吸引住了他。柳直荀如饥似渴地学习着，不但扩大了知识面和眼界，而且还经常受一些进步教师的影响，其中影响最大的就是杨昌济。

杨昌济"贯通古今，融合东西"，被誉为"是一根往旧中国的躯体中输入新鲜血液的导管"，出生在湖南长沙东乡板仓冲（今长沙县开慧镇开慧村）一个耕读之家，是毛泽东的妻子杨开慧的父亲。与柳大谧、李肖聃（李淑一的父亲）为"交情三世久，春色两家分"的挚友，3人曾一起东渡日本求学。启程前，杨昌济改名"怀中"，表示身在异邦，心怀中土。一起乘船同行的30多名湖南留学生中，33岁的杨昌济年龄最大，学识最渊博，被大家尊称为"怀翁"。在日本留学期间，杨昌济主攻教育学。后到英国修学，专攻哲学、伦理学和心理学，获得文学学士学位后又到德国考察，去瑞士游历。1913年春回国后数次辞官，志在教书育人，一生以"欲栽大木拄长天"诗句明志。他将家从板仓冲搬到长沙城，还将用隶书镌刻"板仓杨"3个大字的铜牌挂在寓所门上，被学生尊称为"板仓先生"。杨昌济在湖南省立第一师范讲授修身课程时，要求学生"高尚其理想"，努力教育学生做一个公正、有道德、有益于社会的人。他的博学和高尚人格，吸引了一批进步青年经常去"板仓杨"寓所，求教讨论问题。

当时，柳直荀就寄居在杨昌济家中。由于父辈是世交，杨、柳两家小孩从小就互有往来。他和杨开慧兄妹经常在一起，成了最好的朋友。不久，毛泽东所在的湖南省立第四师范学校合并入湖南省立第一师范学校，他在这里学习生活了5年，遇到了一生之中最为重要的启蒙导师和岳父——杨昌济先生。

一位大隐隐于市的大先生与毛泽东这样的一位人间奇才从此就走到了一起。毛泽东很喜欢杨昌济的课，时常单独向他请教问题，师生之间私交颇深，杨昌济对于青年毛泽东的影响是深刻而潜移默化的。在他的影响之下，毛泽东开始潜心研究曾国藩、王夫之的经世之学，注重实事求是、经世致用的湖湘之学，让毛泽东一生受益匪浅。

杨昌济对毛泽东是发自内心地欣赏，两人在学术讨论时也常常忘记了时间。毛泽东也会到老师家拜访，每次杨昌济都会留毛泽东在家中一起吃饭。到了暑假，毛泽东并不急着回家，而是在杨昌济家中住上一些时日，每天在老师家看书，遇到疑难之处就向老师提问讨教，杨昌济甚至将自己刚刚写好的手稿给毛泽东阅读，询问他的看法和意见。在毛泽东从杨昌济身上汲取能量和知识的同时，杨昌济也在毛泽东身上看到了教育事业的希望和救国的希望。

杨昌济在 1915 年 4 月 5 日的日记中写下这样一段关于毛泽东的话："资质俊秀若此，殊为难得。余因以农家多出异才，引曾涤生、梁任公之例以勉之。"在杨昌济的心中，毛泽东与蔡和森等学生就是他竭尽全力培养的栋梁之材，将来定是要和曾国藩、梁启超等名流并肩。他在写给广州政府秘书长章士钊的信中推荐毛泽东和蔡和森："君不言救国则已，救国必先重二子。"

杨昌济先后在长沙天鹅塘、定王台、李氏芋园等地居住，"板仓杨"的铜牌不管挂在何处，毛泽东、蔡和森、何叔衡、张昆弟等人还是经常到杨昌济家中聚会，不仅畅谈治学之道，还抨击当时政府的腐败阴暗，探求救国救民的真理，有时候一谈就是一整天。这些言论深深吸引着柳直荀，特别是毛泽东所发表的一些真知灼见，使柳直荀深受启迪。他总是聚精会神地听着，面部不时流露出兴奋的神情，感觉眼前别有天地、茅塞顿开，深受教育启发，决心要像毛泽东等人一样为改造旧中国作出贡献。1914年、1915年是毛泽东、蔡和森等来李氏芋园最多的时候，也是与柳直荀交往最频繁的时候，柳直荀与毛泽东成了亲密无间的挚友。

柳直荀不仅学习毛泽东如何锻炼身体、强健体魄，还以毛泽东为榜样，除了学习"有字之书"，还学"无字之书"。平日里除了按时高质量地完成国文、算术等学校课程，柳直荀还经常参加毛泽东发起组织的各种活动，从而树立起"身无分文，心忧天下"的高尚情怀。

1915年新文化运动在国内各地蓬勃兴起，陈独秀主编的《青年杂志》(后改名为《新青年》)于9月发行。《新青年》每期出版之后，陈独秀都会给远在长沙的杨昌济寄去。柳直荀常常会第一时间去借阅。通过阅读《新青年》杂志，柳直荀了解到思想革命、文学革命、劳工神圣、妇女解放等革命主张。经过在广益中学时期的不断学习与锻炼，柳直荀开始学会将所学知识与社会实际相结合，视野也变得更加开阔，思想上也产生了巨大转变，将探寻救国救民的真理作为自己毕生的志向。

入学雅礼

1916年秋，柳直荀进入长沙雅礼大学。雅礼大学是美国基督教会在中国创办的一所教会大学，除了国文外，全部采用美国耶鲁大学的教材，英语授课。当时能进入这所洋味十足的学校的学生，大都是富家子弟或名流后代，读英文原版书籍，用英语对话，很多人一派阔少爷作风。柳直荀因又名克明，也被人称作"明少爷"，但他却没有一点儿"富二代"派头，穿着土布长衫，脚蹬方头布鞋，生活节俭，待人诚恳，经常和学校校工接触。学校虽然有着先进的教学设施和丰富的教学内容，但作为传播西方文化的据点，教学的主要内容就是基督教教义。柳直荀在大学里同帝国主义分子和封建顽固派进行了坚决的斗争。

开学后，雅礼大学有教师身份的传教士在课上向广大学生宣传基督教，鼓吹信仰上帝。对于这些，柳直荀根本不理会，在毛泽东的引导下，他用心阅读进步书刊。他非常喜爱提倡新文化、介绍新思想的《新青年》。但雅礼大学校方反对革命思潮，禁止学生阅读进步书刊，因此他进校门时，就把《新青年》插在裤袋里；进校门后，又把它藏在枕套中。晚上自修一结束，他就跑步回到宿舍，从枕套中抽出《新青年》，趁睡觉前的时间，躲在蚊帐里，抓紧一分一秒，如饥似渴地阅读。他从《新青年》上提出的科学与民主的革命主张，看到了祖国光明的未来。从此，柳直荀的思想上有了一个新的起点。

毛泽东在学生时代非常注重锻炼身体，经常进行冷水浴、风雨浴、露宿等。有一天夜里，毛泽东正在岳麓山顶，突然狂风暴雨，电闪雷鸣。毛泽东却毫不畏惧，把这当作锻炼自己、与大自然斗争的好机会。他顶风冒雨，迎着雷电，从山顶一直跑到山下滦湾镇蔡和森的家里。柳直荀非常钦佩毛泽东这种刻苦锻炼的精神，常常给同学们讲起这桩"风雨浴"的故事，称赞毛泽东是天不怕、地不怕的英雄。

恰巧这时父亲也要求柳直荀向毛泽东学习，刻苦锻炼身体，"做改造社会之健将"。于是，在毛泽东的影响下，柳直荀更加努力地学习和锻炼身体。每天清晨，当同学们还熟睡在床上，沉浸于梦乡的时候，他就早已借着熹微晨光，进行晨操、晨跑、晨浴等活动。晚上，他坚持练完一套拳，做几次深呼吸运动后才上床睡觉。在各种锻炼项目中，柳直荀最喜爱冷水浴。他常常在清晨的时候来到井边，先脱下外衣，穿条短裤，用井水大桶大桶地从头浇到脚，春夏秋冬很少间断。有一年冬天，朔风怒号、雪花飞舞，柳直荀仍然在井旁进行晨浴。只见他用冷水浇身，虽然嘴唇冻得发紫，脸和耳朵开始泛白，但还是顽强地坚持着，同学们都非常赞赏他的这种毅力。

柳直荀从不信学校宣传的"上帝""天国"那一套。而且，在毛泽东的启发下，他认识到光自己抵制还不够，要帮助更多的同学认清宗教的反动本质，不受帝国主义精神鸦片的毒害。于是，每当学校组织基督教礼拜活动宣讲教义，他便将自己看过的进步书刊给同学们传阅，并和几个进步同学一起，逐条研究驳斥帝国主义分子宣扬的宗教信条。

当时，美国基督教会派一个叫埃迪的传教士来长沙进行传教，柳直荀便发动身边同学，到长沙各地对广大民众进行说服教育，号召大家不要去听埃迪的演讲。当埃迪得知情况后，便鼓动雅礼大学的校方领导备好酒席宴请柳直荀等人，企图软化拉拢。柳直荀等人识破这一诡计，与同学做好准备，毅然前往赴宴，并在宴席之上与埃迪展开激烈交锋。

埃迪说："万物万灵只有一位造物主，那就是上帝，我们都是上帝的子民。如今很多中国人民生活艰难，只要你们相信上帝，人人相亲相爱，上帝就会保佑你们，降下神迹。"听到这蛊惑人心的言论，柳直荀义正词严地讲道："你们讲'人人相亲相爱'，那湘江中洋人的军舰为什么横冲直撞、无法无天？在码头之上对中国工人用鞭子抽

打的为什么也是你们外国人？在长沙城中为什么还是你们外国人高人一等？"一句连着一句的问话让埃迪无言以对。

当教师在班上组织基督教教义座谈会时，柳直荀便和同学们讨论"有神论"和"无神论"的问题。他毫不隐讳地指出："有神论是一种反科学的宗教唯心主义的哲学，是宿命论的双胞胎，是一切统治阶级用来愚弄和统治劳动人民的思想工具。而无神论则相反，它是一种反对宗教迷信，否认灵魂、鬼神、上帝的学说，它对于打击唯心主义，解放人们思想，摧毁有神论，动摇剥削阶级的反动统治将起到重要作用。"柳直荀有理有据地阐述自己反对迷信的言论，揭露了帝国主义文化侵略的阴谋，同学们对柳直荀的论述极为赞同。而那些宣讲基督教教义的教师却指责柳直荀散布异端邪说，但是同学们并不理会，反而更加拥戴柳直荀。

柳直荀在校不仅向广大学生传播新思想，还经常为学生争取切身利益。1917 年秋，柳直荀被同学们推选为体育会会长。他对这项工作十分热心，经常向同学们宣传体育卫生知识，组织各种体育活动。他说，参加体育活动，不仅可以锻炼身体，而且可以锻炼毅力；成就任何事业，都要有坚强的毅力。在他的带领下，在校学生与体育老师作了坚决彻底的斗争，揭露并制止了其克扣体育经费的行为。生活中，柳直荀提倡用公筷吃饭，对管理学校伙食的老板弄虚作假、偷工减料、不讲卫生等行为，进行了有力的揭露和斗争。由于柳直荀热心积极地为广大学生服务，同学们一致推选他担任学生会会长。柳直荀在担任学生会会长期间，经常与同学们交流思想、谈论国事，并向大家介绍了不少进步刊物，让雅礼大学的广大学生接受新思想、新文化。雅礼大学有不少学生在他的帮助和影响下，也逐渐走上了革命道路。

反对迷信

暑假回乡之时，柳直荀发现家乡封建迷信盛

行，他就带头组织反对封建迷信的宣传活动。一天下午，柳直荀见一个巫婆在白果树前摆设神龛，装神弄鬼，哄骗四乡村民前来磕头上供。他当即约上几个同学并带上弟弟妹妹一起将神龛砸毁，并斥责了巫婆利用封建迷信骗人钱财的恶劣行为，吓得那个巫婆抱头鼠窜，逃之夭夭。当时就有人向柳大谧告状说，柳直荀得罪了神灵会遭报应。柳大谧却笑着回答："直荀这群娃娃做得对，敢与封建迷信作斗争，我支持！"

柳直荀童年伙伴董光庭被狗咬伤，由于家境贫寒、无钱医治，董光庭的母亲只得天天到庙里求菩萨保佑孩子腿伤好转。柳直荀得知此事后，连忙拿出从城里带回来的药给董光庭敷上，并坚持每天给他换药，终于治好了董光庭的腿伤。董光庭的母亲感激地说："明少爷真是菩萨心肠，我要到庙里多烧几炷香保佑明少爷。"柳直荀却回复她说："以后不要求神拜佛了，泥菩萨是治不了活人病的。"

一次，有位患病的老农非常迷信，叫孩子请巫师治病。巫师看了一眼，随口就说，老人是恶鬼缠身，要请"菩萨"捉鬼，还装模作样地摇起铃铛、念起咒语、画符烧纸，折腾一通后，给老人喝下"符水"。第二日，老人肚子开始疼痛，病情也未见好转。柳直荀闻讯后立刻前去看望，见他家里被巫师搞得乌烟瘴气，便对老人的孩子说："你们这是搞封建迷信，治不了病，还会害了你父亲。赶快送老人上医院治疗吧。"接着，柳直荀带人收缴了巫师的"法器"，烧毁了他的符咒，还要把巫师抓起来报官。吓得巫师"嗵"的一声跪在地上，不停地磕头求饶，表示再也不敢愚弄乡里了。不久，老农的身体在医生的诊治下逐步恢复，柳直荀家乡的迷信风也收敛了很多。

在同工农群众的广泛接触中，柳直荀发现劳动群众以及他们的子女由于贫穷而被剥夺了学习文化的权利，大多数人目不识丁，因此备受欺骗与压迫。于是，利用暑假组织雅礼大学的几位同学，借马王街修业小学的房子，办起了一所平民文化补习学校，招收没有能力上学的贫苦劳动人民的子女，不收学费，还无偿发给他们课本和学习用品。许多群众看他们是真心为穷人办事，不仅把孩子送来，自己也时常抽空来听课。毛泽东被修业小学聘为历史教员后，经常到学校来讲课。

柳直荀有个表妹叫肖淑新，因其自幼丧父寄宿在柳直荀家中。肖淑新天资聪慧，心地善良，很得柳直荀父母喜爱。肖淑新也在柳直荀的影响下，热爱读书，并能写一手好字。

肖淑新13岁时，其母亲便将她许配给当地一户姓陈的财主家的少爷，打算让她早早嫁过去，以免一直拖累柳家。柳直荀得知此事后，当即找到姑妈说："陈家少爷四体不勤，五谷不分，酗酒好赌，不劳而食，将来必被社会所弃。如果将表妹嫁给他，无疑是飞蛾扑火，这不是害了表妹吗？"柳直荀又说："我们柳家也不是日子过不下去，还怕多了表妹一人不成？再说，这事还不知表妹同意不同意，您这封建包办可要不得！"柳直荀见姑妈沉默不语，似有苦衷，接着开导说："表妹有一手好刺绣的技术，可上女子职业学校，将来也好寻个职业安身立命。"姑妈听后连连点头，算是接受了柳直荀的建议。

此后，柳直荀为了表妹的事情到处奔走，终

于找到一所开设实业科，可以学习编织、缝纫、绣花等的学校。这便是湖南著名教育家王季范主办的长沙衡粹女校，也是杨开慧曾经学习的学校。陈家知道了这件事后，非常恼怒，认为肖淑新去学校上学抛头露面，是不守妇道、败坏家风，并前往柳家，催逼肖淑新早日完婚。对于陈家的无理要求，柳直荀让肖淑新向陈家提出 12 个结婚条件，其中一条便是肖淑新可以去法国留学，待她学成归国再行结婚。对此，陈家自然是不会答应，两家婚事也就此作罢。后来，在柳直荀的帮助和引导下，肖淑新也走上了革命道路，并建立起幸福的家庭。

1918 年 4 月，毛泽东、蔡和森等人在长沙成立新民学会。这个学会的发起人都是在长沙的学校毕业或肄业的学生，绝大多数是杨昌济的学生，并且形成"集合同志，创造新环境，为共同的活动"的共识，除了毛泽东、蔡和森，还有何叔衡、罗章龙、李维汉、谢觉哉、向警予、杨开慧、蔡畅等人，这些人后来大多成长为中国共产党杰出的党员。新民学会成立后，以定期开会和通信的方式探讨国家大事和世界形势。此时，俄国十月革命对中国各界影响很大，新民学会也会研讨十月革命的经验，探讨改造中国的道路与方法。柳直荀虽然不是新民学会的成员，但是与新民学会保持着密切的联系，经常参加学会组织的各类活动，思想也因此在不断进步。

03 投身学运救危亡

救国危亡

1919年上半年，第一次世界大战中取胜的协约国在巴黎召开"和平会议"。中国当时也是战胜国之一，中国代表在会上提出了废除外国在中国的势力范围、撤走外国在中国的军队等希望和取消日本帝国主义旨在灭亡中国的"二十一条"及换文的陈述书。英、美、法把持的巴黎和会拒绝了中国的合理要求，还把德国在山东的特权全部转交给日本。卖国的北洋军阀政府屈服于帝国主义列强的压力，向中国外交代表团施压，准备在和约上签字。消息传到国内，中国人民积聚已久的愤怒像火山一样爆发了。5月4日，北京爱国学生举行了声势浩大的反帝爱国大游行。接着，全国各地纷纷响应，"外争主权，内除国贼""取消二十一条""还我青岛"等吼声，响彻大江南北，这就是近代中国革命史上具有划时代意义的五四运动，标志着新民主主义革命的伟大开端。

"五四"革命风暴很快传到了湖南，芙蓉国沸腾了，毛泽东亲自赶写标语传单，号召爱国青年和人民大众立即行动起来。他领导下的新民学会会员日夜紧张地活动，动员各校学生准备罢课，并推选代表正式成立学生联合会。长沙各爱国报纸，连续刊登《危机一发的山东问题》《山东问题之警报》等动人心魄的文章，大声疾呼"吾人断断不能承认""吾人当出死力争"。

一直密切关注国事的柳直荀，这时更是坚决响应毛泽东的号召。他联合许多进步同学，走上街头演讲，向群众散发"请救山东人的性命""请看我国之危险""誓死争回青岛""外争国权，内惩国贼"等传单标语，号召广大人民群众投入反帝爱国斗争。

控制着雅礼大学的帝国主义分子，对柳直荀

和他的同学们的爱国行动怕得要死，恨得要命。5月7日，长沙各校学生要举行"五七"国耻纪念游行大会，反动的校方发出禁令，不准雅礼的学生参加游行。柳直荀鼓励周围的同学们，不被帝国主义分子的气焰所吓倒，毅然冲破禁令，如期参加了游行。

但是，这次游行被湖南军阀张敬尧派出的反动军警驱散了。柳直荀满腔悲愤，无法压抑。回到学校后，他的心情久久不能平静。望着那阴森恐怖的教堂和尖脊拱窗的洋楼，他仿佛看到一个个帝国主义恶魔在朝着他狞笑。不！不能就这样完了，中国人是压不倒的！他拿出在街上没能发出去的标语，领着几个进步同学，把它们贴到校园里的墙壁和电线杆上。

这一张张写着"请救国家之危亡""打倒列强"等字样的红绿标语，就像一束束火把捅进马蜂窝，校园内的帝国主义分子和他们的帮凶们顿时慌了手脚。一个名叫哈尔辉的外国教师，蛮横地阻止学生们贴标语，并气急败坏地叫嚣道："不准贴，雅礼大学是我们美国人办的学校，在我们的地方不准贴标语！"

柳直荀听后，怒不可遏，严厉地驳斥说："你们的地方？雅礼大学是在我们中国的国土上，我们中国人在自己的土地上进行爱国宣传，愿意在哪里贴就在哪里贴，你有什么权力干涉？"一席话，把哈尔辉驳斥得无言以对，也鼓舞更多的同学加入进来，很快就把爱国标语贴满了校园。

爱国学生运动汹涌澎湃，为了适应新的斗争需要，5月28日，在毛泽东的推动下，新的湖南学生联合会成立。学联公布的宗旨是："爱护国家，服务社会，研究学术，促进文明。"柳直荀作为雅礼大学的代表参加了省学联，并成为学联的重要成员之一。

省学联成立后，立刻着手发动长沙各校的总罢课运动。柳直荀早起晚睡，不辞辛苦，奔走于各学校之间，从事宣传活动，各地学生纷纷响应。6月3日，在省学联的领导下，长沙各校学生实行总罢课。但当雅礼大学学生会根据省学联的布置，宣布开展全校大罢课时，雅礼大学校方领导不但亲自出面制止，还指使学监公开进行阻挠和破坏。学监扯着嗓子恫吓和威胁参加罢课的同学："谁不在教室好好读书，上街参加罢课游行，我就开除他！"

柳直荀愤怒地责问学监："救亡图存，匹夫有责。国家陷于沦亡，岂止学籍被开除，连生存亦将难保。你也是中国人，怎么连一点爱国心都没有？"

柳直荀又对同学们大声说道："学生求学以卫国家，国既不存，学有何用？"柳直荀的呐喊坚定了大家斗争到底的决心。雅礼大学广大学生和进步教职员工，不顾校方阻挠和威胁，与其他学校师生一起进行了罢课斗争。

6月12日，湖南反动军阀张敬尧为破坏学生的爱国斗争，下令各校提前放假，逼迫学生们离校。学联研究认为，提前放假也是展开斗争的好时机。因此，省学联针锋相对，宣布拒绝期末考试，各校学生于6月12日自动离校并组建演讲团，到长沙各地演讲，进行爱国宣传活动。

随后，柳直荀多次带领雅礼大学的学生演讲团到长沙城里几个学校和东乡一带组织宣传活动，控诉帝国主义和反动军阀的罪行，讲到悲愤处，往往声泪俱下，听者无不掩面而泣，群情激愤。一时间，长沙城乡到处响起柳直荀等人教唱的反帝爱国歌曲《国耻歌》："无公理，灭人道，好河山，将送掉，为奴为仆眼前到！这国耻，何时消！"

在开展救国宣传和抵制日货斗争的同时，长沙各界效仿北京、上海等地做法，成立以宣传和实行爱国救国为宗旨的"救国十人团"。柳直荀也联络湘雅医学院学生会，在雅礼、湘雅两校组织"救国十人团"，并成立"十人储蓄会"，开展"爱国储金"活动，号召"减餐捐款，为国储蓄"。在群众性爱国运动的推动下，湖南各地"救国十人团"蓬勃发展。为了统一行动，7月15日成立湖南各界"救国十人团"联合会筹备委员会。由于柳直荀在斗争中的突出表现，被推荐为筹委会的副总干事。

"驱张"闯将

从 1919 年开始，在毛泽东的领导下，湖南开展了轰轰烈烈的驱逐反动军阀张敬尧的斗争。在这场斗争中，柳直荀也是一员闯将。

张敬尧是皖系军阀代表人物，1918 年被北洋政府任命为湖南省督军兼省长。张敬尧对湖南人民实施暴虐统治，在经济方面，不断增加税收，搜刮民财；在政治方面，钳制舆论，镇压爱国民主运动；在文化方面，派军队占据学校，擅将学费提作军费，使教育事业受到严重摧残。张敬尧为了筹集军费，还企图将湖南第一纱厂卖给日本东亚兴业株式会社，此举遭到了湖南省各界的强烈反对。张敬尧可谓是罪行累累，被湖南民众称为"张毒"。他还有 3 个弟弟，分别叫张敬舜、张敬禹、张敬汤，4 人狼狈为奸，沆瀣一气。人们给他们编了一个顺口溜："堂堂乎张，尧舜禹汤。

一二三四，虎豹豺狼。"五四运动期间，张敬尧充当帝国主义和北洋军阀的鹰犬，疯狂镇压人民群众的爱国运动，干了很多坏事，迫使大家发出"张毒不除，湖南无望"的强烈呼声。

1919 年 6 月 12 日，张敬尧发布一道训令，对长沙各校进步学生进行疯狂的镇压。在毛泽东、柳直荀等人的筹划领导下，全省开展了一场声势浩大的"驱张"斗争。毛泽东在创办的《湘江评论》上发表了笔锋犀利的文章，向广大民众宣传反帝、反封建、反军阀统治的爱国思想，主张革命人民大联合，号召人民群众向阻碍社会前进的旧风俗、旧思想猛烈开战。文章犀利地揭露了张敬尧勾结日本帝国主义的卖国罪行，在社会上引起了很大的反响。柳直荀读了毛泽东的文章后，深受启发和鼓舞，并将刊物寄给各地好友，热情宣传，扩大影响。一天，柳直荀到《湘江评论》的办刊地落星田拜访毛泽东，激动地向毛泽东讲述了自己读完文章的感受。毛泽东说："张敬尧怕人民讲话，怕人民大众集会结社，责令长沙各校提前放假，把学生赶出校门，根本禁止学生办报，我们要反其道而行之。"

毛泽东接着又说："不光是张敬尧，凡是卖国军阀，都是要封人民的嘴的，然而人们的嘴巴是封不住的！我们要说，我们要讲！我们要到街上去说，我们要到全湖南去讲，到全中国去讲，揭露军阀张敬尧祸国殃民的罪行！"

柳直荀把拳头一挥说："对呀，我们要到街上去说，要到全长沙去讲，我们要叫张敬尧这个'张毒菌'湖南省省长的交椅坐不稳！"

柳直荀通过和毛泽东的深入交谈，受到了极大启发和鼓舞。他根据毛泽东的意见回去便立即组织省学联宣传队，带领同学们一起走上街头，宣传革命、宣传救国，揭露地主资本家的剥削以及军阀与帝国主义的罪行。

柳直荀返回学校后，连夜编排了一个活报剧，组织学生化装上街表演。活报剧中有一个教师由柳直荀扮演，还有几个人扮演头戴斗笠、肩扛锄头的农民，两个人扮演手拿斧头和瓦刀的泥木工人，两个人扮演手抱纱布身穿破衣的纺织女工，一个人扮演地主，一个扮演资本家，一个人扮演军阀，一个人扮演帝国主义分子。

教师走在前面大声问："粮食哪里来的？"

扮演农民的一起说："是我们种出来的。"

问："你们为什么挨饿，粮食哪里去了？"

答："被地主剥削去了。"

又问："房子谁盖的？"

拿斧头和瓦刀的工人说："是我们盖的。"

问："你们为什么住草棚？房子哪里去了？"

答："都被地主、资本家居住了。"

再问："布匹是哪里来的？"

纺织女工回答："是我们织出来的。"

问："你们为什么穿破衣？衣服哪里去了？"

答："都让地主、资本家拿去了。"

教师指着地主和资本家责问："你们仗着什么压迫剥削劳动人民？"

地主和资本家手指军阀："我们仗着他。"

教师又问军阀："你们又是仗着谁的势？"

军阀指着帝国主义分子说："洋鬼子！"

教师再问帝国主义分子："你靠谁侵略中国？"

帝国主义分子指着军阀说："靠他打头阵。"

这时，扮演教师的柳直荀用洪亮的嗓音对周围的观众大声讲道："工友们，农友们，父老乡亲们！你们可要记清楚，地主、资本家吸尽你们的血汗，军阀是地主、资本家的后台，帝国主义又是军阀的后台老板。反过来讲，卖国军阀是帝国主义的帮凶，地主、资本家又是军阀的墙角。你们说地主、资本家和军阀、帝国主义可恶不可恶呀？"

扮演工农者和围观群众齐声呼喊："可恶！"

"该不该打倒？"

大家响亮地回答："该打倒！该打倒！！不打倒他们，我们没法活，不打倒他们，就要亡国！"柳直荀立即带领大家高呼口号："打倒地主、资本家！""打倒反动军阀！""打倒帝国主义！"演出场内外，群情激愤，使演出达到了高潮。在阵阵激昂的口号声中，柳直荀指挥同学们散发传单，揭露军阀张敬尧勾结日本帝国主义的卖国罪行。广大群众观看了演出，阅读了传单，对反动军阀张敬尧更加深恶痛绝。

龟缩在湖南省府的张敬尧听说柳直荀带领学

生上街宣传的情况后，暴跳如雷，他歇斯底里地说："那个柳直荀也是个'激进党'的骨干分子，要严格查办！"并立即派出大批军警，全城戒严，搜捕柳直荀等人。

面对反动军阀的暴行，柳直荀无所畏惧。他根据毛泽东的意见，在雅礼大学创办了《救国周刊》，发表了题为《湖南人民誓死反对出卖湖南第一纱厂》的声讨文章，并寄发给全省各地，揭露张敬尧的卖国行径。文章的发表立即引起了长沙社会各界的强烈反响，柳直荀和《救国周刊》也成为张敬尧的眼中钉，欲除之而后快。

一天，柳直荀和几位同学在街道上售卖《救国周刊》等爱国宣传品，没多久，他就发现自己被几个形迹可疑的人跟踪，便对同学说："我们被暗探盯上了，别回头，待会儿我来把他们往学校那边引，大家分开跑，往小巷子多的地方跑。"说完，他立即转身朝学校快步走去。通往学校的道路纵横交错，柳直荀对这一带的街道情况十分熟悉，他忽快忽慢地变换走路速度，一会儿转进小巷，一会儿又改上大街，很快就干净利落地甩掉了暗探，消失在纵横街道中。

张敬尧恼羞成怒，派出大批军警，镇压"救国十人团"，解散湖南省学生联合会，查禁《湘江评论》。然而他的暴行并没有吓倒广大爱国民众，11月，在毛泽东的指导下，湖南省学联以重组的方式恢复公开活动。柳直荀被选为新学联的评议部部长，负责重要决策。

经过毛泽东、柳直荀等人的动员组织，长沙的学生、工人、教职员工1万余人高举"民众联合，牺牲奋斗！打破强权，抵制日货！"的巨大横幅标语，在教育会草坪举行焚烧日货大会。张敬尧闻讯，立即派遣其弟张敬汤带了1个营的兵力，用刀棍殴打并驱赶学生和工人。当夜，毛泽东、何叔衡和柳直荀等人，召集新民学会会员和学联骨干举行紧急会议，决定长沙市中小学全面展开罢课斗争，省学联还发布了"张毒一日不去湘，学生一日不返校"的"驱张"宣言。在开展罢课斗争的同时，新民学会和省学联又组织若干代表团，每校派两名骨干学生参加，分赴北京、上海、衡阳、常德、郴州等地，扩大"驱张"的宣传。毛泽东率代表团去北京；何叔衡前往衡阳等地；柳直荀留守长沙，主持平民通讯社，保持与外地代表团的联系，并负责为各个"驱张"代表团筹款。柳直荀等人在长沙组织展开了多种形式的"驱张"斗争：一是继续领导罢课；二是组织剧团，演出反帝反封建的新剧；三是利用茶楼旅馆宣传演讲，广泛深入地揭露张敬尧的罪行。

在毛泽东等人的领导下，全省"驱张"斗争的怒潮一浪高过一浪，使张敬尧成为人人喊打的过街老鼠。在革命力量的冲击下，在全省各界力量的联合抗争下，同时利用直、皖军阀间的矛盾，张敬尧终于抵挡不住巨大的压力，从湖南省省长的位子上跌落下来。1920年6月，张敬尧自行焚烧了自己的住宅和军火库，在火光和爆炸声中乘船仓皇逃亡。"驱张"斗争的胜利，大大鼓舞了湖南和全国的革命士气，也使柳直荀进一步认识到民众大联合起来就能产生斗争的伟大力量。

光荣入党

　　1920 年 7 月，毛泽东回到长沙，开始从事党的创建工作。随后，创办文化书社，明确"本社以运销中外各种有价值之书报杂志为主旨""使各种有价值之新出版物，广布全省，人人有阅读之机会"；并与何叔衡、彭璜、包道平筹备俄罗斯研究会。9 月 9 日，文化书社开始营业。9 月 15 日，俄罗斯研究会成立会议在文化书社召开，会议认为"研究俄国学术精神及其事情，有十分必要"，研究会主要是举办俄文班，介绍、研究俄国十月革命情况，并组织留苏勤工俭学等。

　　柳直荀是文化书社的热心读者之一，经常到这里来选购和阅读各种进步书刊，回到学校还组织一些进步同学共同学习和钻研革命真理。同时，柳直荀还积极参加研究会的各种活动，认真聆听毛泽东讲解共产主义的基本原理。在学习《共产党宣言》时，那句"无产者在这个革命中失去的只是锁链。他们获得的将是整个世界"，深深触动了柳直荀。从此，马列主义在柳直荀的心中扎下了根。每次看到大街上那些受苦受难的农民、工人时，柳直荀总在思考：如何才能让无产者在革命中失去锁链，获得整个世界？如何才能联合起来革命？

这年秋天，柳直荀在雅礼大学预科毕业，升入该校教育系。为了宣扬革命理论，寻求志同道合者，毛泽东和柳直荀等十几位新民学会会员发起组织星期同乐会，每周日到长沙近郊名胜古迹，如天心阁、水陆洲、碧浪湖等处聚会游览、作诗文、交流思想，有时也邀请信仰无政府主义的人参加，用进步思想去影响他们。

应陈独秀函约，毛泽东在长沙创建共产党早期组织，发起者还有何叔衡、彭璜、贺民范等。随后，又着手建立社会主义青年团。柳直荀毫不犹豫地申请入团，成为湖南地区最早的团员之一。入团之后，柳直荀对自己的要求更加严格，他倾力学习和宣扬马克思列宁主义。

1921 年 7 月 23 日，毛泽东与何叔衡在上海法租界参加中国共产党第一次全国代表大会。7月 30 日晚，突遭暗探侦查，后转移到浙江嘉兴南湖，在游船上召开了最后一次会议。大会通过中国共产党党纲，确定党的名称为中国共产党，规定党的奋斗目标，通过关于当前实际工作的决议，确定党成立后的中心任务是组织工会，领导工人运动。8 月中旬，毛泽东回到长沙，同何叔衡创办湖南自修大学。自修大学的宗旨是："取自动的方法，研究各种学术，以期发明真理造就人才，使文化普及于平民，术学周流于社会。"为自修大学起草的组织大纲把"劳动"列为一章，"本大学学友为破除文弱之习惯，图脑力与体力之平均发展，并求知识与劳力两阶级之接近，应注意劳动"。自修大学在国内外各重要大学和学术昌明地方以及湖南省内中等以上学校、学术团体，设通讯员以进行联络和交流学术。自修大学组织学生用"自由研究，共同讨论"的方法，学习马克思列宁主义。柳直荀当时虽然在雅礼大学读书，仍千方百计挤出时间到自修大学来学习。他思考认真，发言热烈。毛泽东和何叔衡经常到柳直荀所在的小组听他们讨论。

在一次讨论发言中，柳直荀谈道："中国急需一场革命，而且这场革命已经到了刻不容缓的时候。再不革命，国家恐怕将无希望。欲想革命成功，我看只得效仿俄国十月革命。"毛泽东听后，用赞扬的口吻对杨开慧等人说："直荀很会分析问题，能说服人，他虽读的是教会学校，但思想进步确实很快。"

何叔衡对柳直荀的不断进步也十分高兴，经常拍着柳直荀的肩膀说："这个伢子有出息，很聪明，是个有用的人才，还要继续努力哟！"

10月10日，中共湖南支部成立，毛泽东任支部书记。毛泽东在长沙小吴门外清水塘租了一所房子，作为中共湖南支部秘密办公和毛泽东与杨开慧居住生活的地方。1922年5月底，中共湘区执行委员会成立，毛泽东任书记，区委机关设立在长沙清水塘22号。柳直荀经常来到长沙郊区这个僻静、不引人注意的地方看望毛泽东和杨开慧，并向毛泽东汇报工作和学习的情况，请示如何更好地开展革命斗争，毛泽东也总是给柳直荀以热情的鼓励和帮助。

一天，柳直荀来清水塘，跟毛泽东汇报工作："最近的工人运动都被镇压下去了，感觉工人革命的热情没有被调动起来，工人没有想象中的那样团结，很容易被一一击破，还不如学生运动来得猛烈。而且工人还看不起我们读书人，有时候不服从领导……"毛泽东认真地听着这些新情况，对如何开展下一步工作作了具体的指示，并建议柳直荀将自己所学知识与工农相结合，向工农学习，在斗争中改造自己。

毛泽东的这一要求，使柳直荀认识到自己的不足。他在回家的路上，回顾自己和工农朋友之间的联系，确实是有感情，但是还需要进一步加深。此后，柳直荀自觉地深入到工农群众中去，向他们学习，向他们宣传革命的新思想。每次上街散发传单时，他总是特别注意把这些传单发给那些穿短装的工农。有些同学不理解，问他为什么这样做，柳直荀就解释说："穿短装的多是工人农民，他们受苦深，有革命的要求，斗争性强。

他们看到了传单，懂得了革命道理，就敢于起来同反动派进行斗争，革命就一定会胜利。"

他多次到安源地区，实地了解工人生活、斗争的情况，并经常到长沙天鹅塘一带找工农谈心，向工农群众宣传要组织起来同帝国主义、反动军阀和封建势力作斗争的道理。

在清水塘畔，柳直荀接受了无数次马列主义思想的洗礼，完成了自身的蜕变。在无数次的斗争中，柳直荀也在不断地思考着国家与民族的前途命运，不断反思历次斗争成败的原因，他渐渐明白，必须找到一个先进的、革命的组织，组织大家一起斗争，革命才会有希望。

毛泽东是柳直荀入党的引路人，在思想上、行动上给予了柳直荀许多教导和指点。柳直荀每次到清水塘汇报工作时，毛泽东总是勉励他为实现共产主义而奋斗。柳直荀也不断向毛泽东学习，坚决支持毛泽东，根据毛泽东的指示和要求开展工作，并积极向党组织靠拢，努力在各种斗争中执行党的工作安排和主动接受各种考验……

一天深夜，柳直荀躺在床上，翻来覆去睡不

着。他想到这几年来在毛泽东的引导下，自身一步一步地走向与工农相结合的革命道路。他想到了马克思和巴黎公社、列宁和十月革命、毛泽东和工农运动……一个坚定的信念在他脑海中响起：要革命，就离不开党。他坚定地向党组织递交了入党申请书。他在申请书中写道："中国共产党，革命之先锋者，民族使命之承担者。吾欲加入中国共产党，以作革命之先锋，为革命事业流尽最后一滴血。"

1923年3月，毛泽东和一位参加二七大罢工之后回到长沙的同志谈工作。这位同志说："根据工作安排和革命形势发展的需要，我们现在继续发展一批有觉悟、立场坚定的同志入党。经过长期考察，柳直荀在各方面都挺不错。我看是时候考虑介绍他入党的问题了。"毛泽东听后，高兴地说："他有觉悟，工作很努力、很认真，希望很大，快了。"

1924年2月的一天，经何叔衡和姜梦周的介绍，中共湘区委员会正式批准柳直荀成为中国共产党党员。

入党仪式上，柳直荀肃立在马克思画像和一张有"CCP"（早期中国共产党的英文简称）3个英文字母的红旗前，表明了自己入党的意愿："我一直致力于探寻救国救民真理，俄国的十月革命，让我辈之人看到了希望。马列主义，让我看到了前进的方向。中国共产党，从今以后成为我灵魂的指引。今天加入中国共产党，往后余生，我将自己奉献给中国共产党。"

柳直荀庄严地宣誓加入中国共产党。他坚定而洪亮的声音在屋内回荡。从此，为人类的幸福、为壮丽的共产主义事业、为党奋斗终身的信念伴随柳直荀一生。

喜结连理

柳直荀妻子李淑一的父亲李肖聃，当年是与柳直荀的父亲柳大谧、杨开慧的父亲杨昌济同为"交情三世久"的挚友。李肖聃不喜从政，到长沙居住后以教书卖文为生，在湖南大学教授儒家经典、古文及文学史等课程，兼任省会中学国文讲席，是当地教育界的大腕人物。杨昌济曾对毛泽东说过，"你的文章要送给李肖聃先生看"。毛泽东为此时常到长沙顺星桥登门拜访李肖聃先生，李淑一也很早就与毛泽东、杨开慧和柳直荀相识并成为好朋友。

1920 年，杨昌济在北京去世后，杨开慧随母亲和哥哥扶灵南归回到长沙。因其剪掉辫子留了一头齐耳短发，被看作"过激派"而不被学校收录。在福湘女子中学兼教国文的李肖聃仗义执言："说什么'过激党'？她父亲是我朋友，北大教授，留学日本和苏格兰，刚刚去世。我朋友死了，他的孩子我就得照料，出了事我负责！"杨开慧这才得以进入福湘女子中学选修班学习，并与李淑一成为同学。两人都寄宿在学校，共用一张课桌，同住一间寝室，两位姑娘很快就成为形影不离的同窗好友。

杨开慧和进步同学一起，在长沙城里办起平民识字班，李淑一率先担任识字班教员。后来参加教课的女同学陆续达到20多人，她们自己编印教材，轮流给穷孩子们讲课，宣传爱国思想，引导大家自强自立、抵制洋货。

毛泽东不仅关心柳直荀政治上的进步，还非常关心他的个人生活。在他的幕后撮合下，杨开慧做起了柳直荀和李淑一的红娘。1921年年末的一天，杨开慧找到了柳直荀，对他说："在忙于学习和革命工作的同时，你也是时候该为自己的终身大事考虑一二了。"

柳直荀照实说道："到目前为止，还未遇到志同道合且心仪的女孩。更何况，我的心思一直放在革命和学习上。"

"那可不行。这次必须听我的。我有一个室友，贤淑且有革命思想，我经常在她面前说你的革命事迹，我看你和她就挺般配的，她叫李淑一。我安排个时间，你和她见个面如何？"杨开慧道。

柳直荀笑道："一切听你安排。"

一个阳光明媚的午后，在杨开慧的安排下，柳直荀、李淑一两人见了面。相互交流后，两人颇有相见恨晚之感，交往日深，感情日笃。

1922 年秋的一个黄昏，柳直荀又邀请李淑一一同前往清水塘毛泽东的住所。当路过屋边菜园时，李淑一不慎失足掉入粪坑，柳直荀扶着满腿粪泥的李淑一走进屋里，毛泽东和杨开慧看后不禁哈哈大笑，同时还埋怨他们怎么这么不小心。毛泽东把柳直荀引到房里谈工作，身怀六甲的杨开慧赶忙打来开水，取出鞋袜让李淑一换洗。

1924 年 10 月 30 日，柳直荀与李淑一在长沙市郊的五堆子（今长沙市开福区蔡锷北路教育街附近）举行了婚礼。徐特立、向钧、蔡和森、向警予、张昆弟等参加了婚礼，新居设在桃园旧里一座两层楼房的楼上。

结婚之后，柳直荀与李淑一一起去毛泽东家，看望刚从上海回长沙养病的毛泽东，并感谢促成他俩的杨开慧。杨开慧看到两个好友结成良缘，喜不自禁。在毛泽东、柳直荀等人的影响下，李淑一逐渐接受了革命的信仰，并开启了她千难万险的革命历程。

由于工作关系，夫妻二人聚少离多。柳直荀要经常奔走于城乡各地，又因革命条件艰苦，环境险恶，常常餐风宿露。一次，李淑一见柳直荀回家后精神萎靡、脸色蜡黄，用手一摸，额头非常烫，十分焦急，责怪柳直荀平时太不注意身体。柳直荀淡淡地说："就是时冷时热的，不要紧，我挺得住。""不行，得赶快吃药才行！"李淑一忙从一家诊所里抓来药，连续两天煎给柳直荀喝，总算有所好转。

婚后不久，李淑一怀有身孕。一天，柳直荀特地抽空回家看望李淑一。许久没见面了，李淑一见柳直荀比之前更加瘦削，两眼布满血丝，知道丈夫又在熬夜工作，爱怜之心油然而生。她连忙买回几块柳直荀平日里喜欢吃的油炸豆腐，和饭菜一起放在小凳子上，把凳子搬到门前树荫下，让柳直荀吃。时值夏末，天气十分炎热，树上的知了叫个不停。柳直荀边吃豆腐，边和李淑一谈着自己的近况，谈革命的形势和前途。李淑一笑盈盈地听着，一边看着丈夫大口大口地吃着饭菜，一边慢慢地给丈夫打扇子。吃完饭，柳直荀望着蓝天上飘动的白云，对李淑一说："你看，悠悠白云，多么自在，革命取得胜利，那时，全国的劳苦大众就会像这白云一样自由了！"

在李淑一的心目中，柳直荀既是她的好丈夫，又是一位良师益友。每到晚上，李淑一总喜欢坐在丈夫身边，就像小学生一样聆听他讲述《共产党宣言》，或讲俄国十月革命，或讲中国的前途以及当时的时局。柳直荀每每讲得侃侃有词，分析得入情入理、精辟透彻，让李淑一心中亮起了一盏明灯，令她耳目一新，受益匪浅。

李淑一不仅支持丈夫的革命工作，还亲身参加一些革命活动。凡柳直荀在家召开秘密会议，李淑一就主动到楼下大门口做针线活，借以望风。一天，李淑一又在家门口做针线活，突然发现一伙特务正在挨家挨户查户口。李淑一连忙跑上楼，向柳直荀紧急报告了敌情。柳直荀立即带领同志们下楼从后面撤走。李淑一麻利地清扫了会场，下楼继续做针线活。当特务闯进门来上下一看，未发现什么异常情况就走了。如果柳直荀在家中起草有关文件材料，她就积极帮助丈夫誊抄，或者校对，或者刻印等，夫妻二人成为互相帮助的革命战友。

3 年的恩爱夫妻，他们已有了一双可爱的儿女。儿子名叫柳晓昂，取"斗志昂扬"之意，女儿名叫柳挹群，聪明伶俐，天真活泼，真是"一儿一女一枝花，一家四口乐无涯"。

04 挺身而出为工农

接收民团

　　柳直荀在党的教育和帮助下，逐渐成长为一个坚定的无产阶级革命者。他入党后，一切听从党组织的安排，先后从事学生和知识分子工作及工人运动，参加了徐特立领导的湖南教育工作者协会，担任长沙师范总务主任和协均中学校长。他以这样一个"合法"的身份，参加组织领导长沙工人和各校师生为抗议赵恒惕杀害工人领袖黄爱、庞人铨和抗议杀害汪先宗、黄静源而举行的两次抬棺大游行，以及为声讨五卅惨案而举行的10万人大游行。在每一场斗争中，柳直荀总是站在最前列进行组织指挥。

后来，柳直荀又按照党组织的安排，改做农运工作。他常常在自己的家中召开秘密会议，研究建立党的统一战线、组建农民协会，发展农协会员等问题。当时活动经费严重缺乏，柳直荀便与父亲商议，从家中凑出一笔钱，并征得李淑一的同意，将嫁妆首饰当出。此外，柳直荀还耐心地做通了姑妈的工作，典当了姑妈的田产，及时解决了经费的困难，使革命工作能够继续顺利开展。

柳直荀经常和毛泽东一起，深入长沙各个郊区各县农村，开展访贫问苦，进行社会调查。他们吃住在农民家，了解农民疾苦，宣传共产党的主张，启发农民的阶级觉悟，并在此基础上建立农民协会，积极发展农协会员，从而掀起革命高潮，迎接北伐军入湘。此时，柳直荀任湖南省国民政府委员和省农民协会筹备委员会委员长兼秘书长。在毛泽东、柳直荀的领导下，湖南农民运动风起云涌，蓬勃发展，农民协会发展迅速。

在农运工作中，柳直荀十分重视对农民武装的建设。他以省农民协会的名义，通电各县建立农民自卫军，以镇压地主、土豪劣绅的反攻倒算。为此，他多次到各县、乡去视察指导农民武装的组建工作，并在一些薄弱的地方及时调整和充实了一批农运武装骨干，使各个县大队、区中队农民武装迅速发展壮大起来，并接管和收编了一批土豪劣绅的武装。

湖南地主武装历史悠久，势力强大。清末就设立保甲局，还有朝廷非常依赖的湘军势力。辛亥革命之后，湖南地方又成立了团防局。当时的团防局局长堪称乡里的"土皇帝"，人民群众稍有违抗，轻则毒打，重则送命。农民对他们恨之入骨。赵恒惕任湖南省省长时，任命军阀罗先闿为清乡督办主任。此人生性残暴，人们说他头上长疮，脚下流脓，是个坏透了的家伙。清乡督办主任负责指挥全省 75 个县的团防部队，但其实各县团防各自为政，罗先闿管理长沙县的团防部队，疯狂地镇压工人、农民和进步人士。赵恒惕政府垮台后，他的一班拥护者树倒猢狲散，但罗先闿却牢牢把持着清乡督办公署。

北伐战争开始后，北伐军以迅雷不及掩耳之

势席卷整个湖南。1926 年 7 月 12 日，北伐军攻占长沙城，大部分反动武装都缴械投降，但罗先闿的"清乡督办公署"和"长沙县团防局"的牌子却一直未动。他还暗中支持其他地方的一些团防部队破坏农民运动，可谓是劣迹累累，民怨沸腾。县乡农民协会迫切要求省农协派人前去接管或收编罗先闿的团防局。

柳直荀寻思着，罗先闿是全省有名的大劣绅，打掉他的威风，不仅可以震慑各地的土豪劣绅，而且也会对全省农民运动起到支持和鼓舞作用。因此，柳直荀派人向湖南省政府提出撤销清乡督办，接收团防局的意见。湖南省政府很快就采纳了，当即命令团防局由县政府督促交长沙县农协接收。长沙县农协同志在去县政府商洽此事时，得到县长的回复是只可代表县政府提出命令，但移交问题需要农协自己与罗先闿交涉。在县政府召开的秋征大会上，县长宣读了省政府关于接收团防局的指令后，罗先闿勃然大怒，声称："谭延闿、赵恒惕、蒋介石谁不尊重我？要我移交，说得好轻松！"他冲着县农协同志叫嚣："谁想接收团防局，有胆子就到我督办公署来！"与会的土豪劣绅本来就仇视农协，见状暗自得意地看起热闹来："罗督办有枪有势，这回农协算是碰上了对手！"

在第一次接收团防局失败后，县农协立即向省农协作了汇报。在省农协的筹委例会上，有的委员听到相关汇报后认为罗先阎藐视省令，应呈请省政府办理。而柳直荀却说："省政府已命令我们接收，我们接不下来，那就表示我们无能。罗先阎要我们去督办公署接收，我们不去，就是表示软弱。现在就是要消灭地主武装，必须趁热打铁，坚决接收督办公署！"他当场表示要亲自到督办公署去一趟。

在场的同志坚决表示反对，认为罗先阎生性歹毒，柳直荀去了会有生命危险。而柳直荀却说："没关系，我自有办法。"

当时，长沙市各界群众准备举行庆祝北伐军攻克汉阳、汉口的大规模游行，柳直荀发函通知罗先阎准备移交团防局，同时拟定了几个口号，要游行队伍在通过督办公署所在的小吴门时，高喊口号示威。

按照约定，柳直荀和县农协的两位同志前往督办公署。督办公署门前警卫森严，罗先闓本人也全副武装地站在门口。

柳直荀见到罗先闓，直接走向前，什么客套话也没说，直接出示命令，问道："罗先闓，你打算如何移交团防局？"

罗先闓嚣张地说："我和你父亲是同乡，你是小辈，请放明白点。"

柳直荀义正词严地针锋相对："公事公办，不论父子。我是省政府委员，现在是代表省政府要你移交。"

罗先闓一听，气势矮了半截，但仍装腔作势地"哼"了一声："要我移交，莫想！"接着又说："团防局何罪之有，你们非要来接收不可？"

柳直荀理直气壮地说："团防局破坏农工运动，反对孙中山先生'扶助工农'的政策，阻止北伐，罪行累累……"

罗先闓一听，立马反问道："有何证据？"

柳直荀把手里的一沓纸给罗先闓看，斩钉截

铁地说："这就是状告你们的信，白纸黑字，铁证如山！"

罗先闿还想狡辩，这时，游行队伍也行至督办公署门外。人们握紧拳头，挥手高呼："撤销清乡督办！接收团防总局！打倒土豪劣绅！铲除军阀罗先闿！"面对声势浩大的群众力量，罗先闿也十分惧怕，只得借故从后门溜了。罗先闿的副官出面解围说罗先闿突发心脏病，必须回家就医，团防局移交一事，改日再谈。柳直荀知道罗先闿色厉内荏，便返回驻地准备下一步工作。

柳直荀向省委汇报了接收团防局的情况。省委为此专门召开了一次会议。大家认为，消灭地主武装，建立工农自卫武装，是党的一项刻不容缓的重要任务。长沙为全省政治中心，对全省影响很大，必须先声夺人，带个好头。会议决定采取两个办法：一是停发旧团防局经费，所有团防费用归全省总工会和农民协会所有，作为建立工农武装的资金；二是迅速瓦解长沙团防局基层组织，这项工作由柳直荀督促长沙农协立即执行。

长沙县团防局下辖 6 个联防大队、1 个独立分队，总计 600 余名团丁。柳直荀和县农协的负责人立刻分头行动，不到 10 天工夫，便把他们全部瓦解。其中有两个大队还爆发了一次集体向团防局索要军饷的哗变。至此，罗先阊完全被孤立，只好编造名册，请求省农协接收，从此销声匿迹。

长沙县团防局终于被改编为自卫队，不再是欺压百姓的工具。湘潭、宁乡、醴陵、湘乡、浏阳、平江等邻近各县知道这个消息后，备受鼓舞，也陆续开展接收和改编当地团防局工作。到湖南省农民代表大会召开时，消灭地主武装工作，在湖南省范围内已经取得很大成效。

筹备农协

北伐战争的顺利进行促进了湖南工农运动的高涨。从 1926 年 7 月开始，湖南农民运动进入公开活动时期。不久，湖南省政府成立，柳直荀当选为省政府委员。9 月，又成立了省农民协会筹备委员会，柳直荀和十多位同志负责筹备工作。

在农协筹备过程中，柳直荀主管人事安排、草拟文稿和筹划其他一些事务，可以说是集秘书、总务、会务、日常事务于一身，十分忙碌，常常忙得饭都顾不上吃，有时就用一些干粮、红薯充饥。当时筹备处的房屋不多，各部门办公用房都不够，更不用说给工作人员提供休息住处了。一些年轻的工作人员晚上在秘书室打地铺过夜，柳直荀只好回到家中继续办公。有时工作到深夜，李淑一就端出一杯米酒当作晚饭，柳直荀一边喝点米酒，一边伏在桌上批阅文件。有时在机关工作到后半夜，就和几个青年人挤在地铺上睡一会儿。

有天晚上，柳直荀在机关办公到深夜，几个青年人煮粥吃，他也端了一碗，边吃边笑着说："我今天还只吃了早饭哩！"大家都钦佩地说："秘书长真是枵腹从公！"

在中共湖南区委的领导下，经过各地农运骨干的努力，到 11 月初，在湖南全省 75 个县中，成立农协组织的有 50 多个，会员人数由 9 月前的三四十万人，发展到 136 万余人。柳直荀等人发动广大农民轰轰烈烈开展减租、减息、减押、换租约、平粜、阻挠禁谷米外运、取消"东家"一切剥削特权，甚至没收土豪劣绅田产、打倒旧团保制、反对苛捐杂税、参与县政权、实行一切权力归农协等工作，逐步掀起湖南农运新高潮。

12 月 1 日，湖南省第一次工农代表大会召开筹备委员会会议，柳直荀被推选为农民代表大会临时秘书长，并负责组织大会秘书处和全省农民协会秘书处。

经过紧锣密鼓的筹备，12 月 1 日，湖南省第一次工人代表大会和湖南省第一次农民代表大会在长沙胜利召开。来自全省 52 个县和 2 个特别区的农民协会代表 170 人参加农民代表大会，柳直荀被选为大会主席团秘书长，负责整个会务工作。

大会开幕的第二天，柳直荀根据大会主席团决定，以全省农民代表大会的名义，通电邀请毛泽东参加大会。电文说："先生对于农运富有经验，盼即回湘，指导一切。无任感祷！"

此后，在工农代表大会联席会议上，柳直荀代表大会秘书处，宣布大会收到的两份请愿书：一是慈利县代表请大会豁免政府在该县筹饷8万元、米3000石；二是岳阳县代表请求处决劣绅周嘉淦。大会主席团提出此两项提案由柳直荀代秘书处拟订办法后，提交大会讨论通过。此外，还有从当时农民迫切需要出发的一些提案，如取缔高利贷、减租减息、禁止童养媳、禁牌禁赌等，也要求秘书处牵头拟制印发大会文件。柳直荀对此非常重视，亲自分类编纂，油印出来，发到各县。

12月20日，大会秘书处发出欢迎毛泽东的通告，指出"毛先生泽东奔走革命，卓著勋绩。对于农民运动，尤为注意"，现先生已抵湘，工农大会定于今日午后2时在幻灯场开会欢迎，届时当有一番盛况。

下午，在幻灯场举行了盛况空前的欢迎大会。到会除300多名代表以外，"旁听者尤为踊跃"，楼上已挤满了人。柳直荀和工会的另一位负责人担任大会主席。下午两点整，柳直荀摇铃宣布欢迎会开始，另一位大会主席致了欢迎词。接着，身穿长衫的毛泽东，在群众暴风雨般的掌声中健步走上讲台，发表了题为《工农商学联合的问题》的演说。他热情赞扬了湖南农民运动的巨大成就，指出："国民革命是各阶级联合革命，但有一个中心问题。国民革命的中心问题，就是农民问题。一切都要靠农民问题的解决。"又说："我们现在还不是打倒地主的时候，我们要让他一步。在国民革命中是打倒帝国主义、军阀、土豪劣绅，减少租额，减少利息，增加雇农工资的时候。"毛泽东的演讲，给到会听众以很大鼓舞，不时被一阵阵热烈的掌声打断。

会后，代表们分头讨论毛泽东的报告，并提出许多新问题。柳直荀领导秘书处工作人员把这些问题收集起来，以"备忘录"的形式送给毛泽东。12月28日，毛泽东又出席工农代表大会联合举行的闭幕会。在会上作了关于革命联合战线问题的讲话。指出，反革命方面已经有国际、全国和全省的联合战线，革命方面也应该有同样的联合战线来抵抗他们。他斥责"惰农运动"和

"帝国主义没有打倒以前，我们内部不要闹事"等宣传，指出这种只准地主压迫农民，不准农民向地主斗争的人，就是站在帝国主义、反革命方面，就是破坏革命的人。他这次讲话，时间虽不长，但言简意赅，对代表们提出的所有问题，都一一作了回答。

毛泽东的这两次讲话，对工农两个大会和会后湖南的工农运动，有着巨大的指导意义。负责起草大会各种决议案的柳直荀、郭亮等人，不仅努力在大会文件中体现毛泽东的讲话精神，而且经常到毛泽东的住处，请示许多具体问题。毛泽东特别赞赏他们提出的关于建立工农自卫武装的主张，并就这个问题作了许多重要指示。在毛泽东的直接指导下，在中共湖南区委的领导下，经柳直荀等人起草、大会通过的各项决议，基本上体现了毛泽东的革命路线，对湖南工农运动的健康发展，产生了深远的影响。

12月28日，工农两个代表大会胜利闭幕。闭幕前，通过了一系列决议案，并选举了湖南省总工会和农民协会的负责人。农民大会一共通过了 13 项决议案，把有关农民利益和农村革命的问题，一一包括在内。柳直荀正式当选为省农民协会的秘书长。大会闭幕后至 1927 年 1 月初，柳直荀又和参加大会的党员代表一起，留下来办了几天短期训练班。毛泽东亲自给他们作了 3 次关于农民问题及调查方法的报告，帮助他们提高思想觉悟和工作水平。聆听着毛泽东的教诲，柳直荀感到浑身有使不完的劲，眼前充满了光明。他决心在今后的工作中，努力实践毛泽东的革命主张，为革命的最后胜利，贡献出自己的全部力量。

铁面法官

省农协成立后，在毛泽东等人的领导下，农民协会迅猛发展，农民对土豪劣绅的清算斗争也如火如荼地开展起来了。反动阶级不甘失败，有的组织"保产会""保产党"，和农民协会相对抗，一些偏远地区的团防还攻打农民协会。被农民协会吓得逃到上海、汉口、南昌等地的地主豪绅，四处"控告"、污蔑农民运动是"痞子运动"，凭空造谣混淆舆论，说佃户不交租，他们无法"还粮"，是农民协会影响了税收，阻挠了北伐。一些县政府甚至和地主豪绅勾结起来，狼狈为奸，处于底层的农民对此毫无办法。

针对这些反革命的破坏活动，省农民协会和省总工会联名呈请组织审判土豪劣绅特别法庭，并于1927年1月15日获得上级批准。省特别法庭由省农协秘书长柳直荀和省工会总干事郭亮等人组成主席团，紧接着颁布《湖南省惩治土豪劣绅暂行条例》《湖南省惩治贪官污吏暂行条例》，作为特别法庭审判的依据，试图通过法律手段来打击反革命势力。

特别法庭成立后，第一个镇压的就是叶德辉。叶德辉是清朝进士，在清末曾做过几任大官，自称"名士风流"，是湖南省内的保守派领袖和土豪劣绅魁首，他不断阻挠、攻击和谩骂工农革命运动，甚至还给当时的湖南农协罗列出"十大罪状"，用对联公然反对农协："农运宏开，稻粱菽，麦黍稷，尽皆杂种；会场广阔，马牛羊，鸡犬豕，都是畜生。"横批是"斌尖卡傀"，咒骂农协会员，污蔑农协干部。为了打击反革命势力的嚣张气焰，身为省农协秘书长的柳直荀和省工会总干事的郭亮，领导农民自卫队和工人纠察队设计抓捕叶德辉。

柳直寻等人开会研究抓捕方案时，有人提出："派农民武装包围叶德辉的住宅，仔细搜查。"有人立马质疑："狡兔三窟，叶德辉有老宅、新宅，还有别墅，另有姘头好几家，你上哪儿去抓？"紧接着有人讲："既然不知道他藏在什么地方，咱们就一处一处去搜，难道还指望他自己跑出来不成？"

这句话让柳直荀得到了启发。他一拍大腿，兴奋地说："对，就是要让他自己跑出来！"接着他就做了相应的人员安排。

第二天，4个农协会员化装成轿夫，抬着一顶轿子，在1个农协会员扮成的"老管家"的引路下，径直来到叶德辉老宅门口，谎称柳大谧来访，

并递进去了柳大谧的拜帖。叶家人一看，贵客上门，便实话相告："老爷不在家，在坡子街他的老相好家中休息，请柳老先生去那儿吧！"就这样，柳直荀等人知道了叶德辉的落脚之处。随后，他们来到叶德辉坡子街的家门口。还是借用柳大谧来访的名义，叶德辉一看递进来的名帖，赶忙出门迎接，结果被柳直荀带领的纠察队员抓个正着。队员们又在叶德辉家里搜查出许多反革命文件，以及他与南北各地军阀的来往函电等，于是将叶德辉押解到革命法庭。

接下来，经过特别法庭的审判，公布了叶德辉的"五大罪状"，最终判处其死刑，没收其财产。湖南农协还组织了逆产清理小组，柳直荀具体指派省农协委员胡炳文与其余几名农协工作成员负责清理工作，并要求他们将叶宅的书籍加以封锁，运往省教育会图书馆；将所缴古董开列清单，上缴特别法庭；其他生活用品，交给叶氏家属。然而，就在清理叶德辉的财物时，胡炳文经不起真金白银诱惑，思想发生动摇，竟私自侵吞各类珠宝、首饰，涉案金额高达数百元，影响极为恶劣。他的贪腐行为也受到清理小组其他同志的检举和揭发。柳直荀得知此事后，心情非常沉痛，在革命的紧要关头，自己的同志却经不起诱惑，竟以革命之名来行贪财营私之实，这种行为在党内和农协都是绝不允许的。

当时有许多同志认为"家丑不可外扬"，主张对胡炳文低调处理，以将事件影响降到最小。然而，柳直荀认为在革命的大是大非面前，岂能知法犯法而不受追究？必须刹住这股歪风，应该对胡炳文严惩不贷。为此，柳直荀专门组织召开省农协常务会议，并在会上作出决定，将原有赃物全部追回上缴，并对胡炳文做出严厉处理，撤销其省农协委员职务以及开除农协会籍，并呈报湖南省委开除其党籍。

同时，为彻底消除胡炳文所造成的恶劣影响，挽回党和农协在人民群众心中的形象，柳直荀还以省农协的名义，在报纸上刊登了对胡炳文的处理通告。许多群众在报纸上看到对胡炳文的处理，认识到中国共产党所领导的农协是一心为公、执法如山的。柳直荀不包庇纵容、不徇私情，这大大提高了党和农协在广大人民群众心中的地位。很多群众也因此纷纷称赞:"农协果然和军阀官僚的旧衙门不同,绝不官官相护、徇私枉法,真是公正无私、一心为民的革命机构。"

当时,部分土豪劣绅还试图通过各种手段拉拢、腐蚀农运干部。柳直荀作为农运的领导者,自然是他们拉拢的重要对象。柳直荀以前在长沙雅礼大学读书时的来自土豪劣绅家庭的同学,有的来到省农协,请老同学帮忙疏通关系,有的直接去柳直荀家送礼,但这些均遭到柳直荀的严词拒绝,柳直荀明确表示:"革命不讲人情,只讲真理。"

斗智斗勇

1927年4月12日,蒋介石掉转枪口,在上海发动蓄谋已久的反革命政变,大肆屠杀共产党人和革命群众。之后,江苏、浙江、安徽、福建、广东、广西等省也以"清党"为名，大规模捕杀共产党员和革命群众，大革命遭受严重挫折。

对此，柳直荀义愤填膺，当即与湖南省工人部部长谢觉哉等人联名通电讨蒋，怒斥蒋介石"倒行逆施，日益彰著，显系自绝于党，自绝于民众……凡甘为叛徒而不知悔改者，国人绝不能为个人怒也……"电文字字句句如锋利的匕首，鲜明表露斗争立场，给国民党反动派以猛烈回击。紧接着，柳直荀又以省农协的名义，发出《为什么要打倒蒋介石》的檄文，文中列举了蒋介石的80条罪状，印发湖南全省，掀起了讨蒋高潮。

在声讨蒋介石的同时，湖南省农协和省总工会成立了农民运动讲习所和自卫军干部训练队。柳直荀担任自卫军干部训练队主任，学员很快由100名发展到600多名。仅用1个月时间，学员们就能承担治安警戒任务。柳直荀还派人分赴各县指导革命运动，组织农民自卫武装。全省各县普遍建立了农民自卫军，另有数十万人的梭镖队，五响枪、鸟铳、大刀、梭镖成了革命群众手中的有力武器。

4月27日至5月9日，中国共产党第五次全国代表大会在武汉举行。中共湖南省委领导大都去武汉参加会议，留下柳直荀在湖南主持工作。

当时，湖南的革命形势也是万分危急的。许多人都为柳直荀的安全担忧，劝他离开长沙到武汉去。柳直荀回答道，"如果我离开了，湖南这边的革命工作谁来主持？党好不容易打开的革命局面不能在我手里丢掉，越是危险，我越不能离开"，"如果革命失败，那我就到乡里去，发动农民打游击"。

为了应付可能发生的突然事变，柳直荀派人连夜分赴各县，整顿工农的自卫武装，密藏、转移待修的库存枪械，又让农民自卫军干部训练队紧急转移。柳直荀还抓紧开展政治工作，召集在湖南的工作人员研究对策，强调形势越是紧张，越要加强党的领导，越要注意发动群众，越要毫不妥协地同反动派作斗争。他果断决定利用"五一"前后，扩大游行队伍，使敌人不辨虚实，同时电促郭亮等人立即回长沙组织斗争。他临危不乱、镇定自若的态度，给党内同志以很大鼓舞。

很快，湖南的反动派也举起了屠刀，对准了革命党人。5月中旬，临湘农民协会委员长李中和被杀。18日，常德近郊农民协会委员长被杀害。19日，何键部队强行解散益阳县工会、农民协会等革命团体，农民自卫军及纠察队被缴械。之后，第35军驻长沙留守处开始堆积沙包，准备巷战。

5月20日晚，柳直荀急急忙忙回到家中，从卧室抽屉里和二楼的楼梯间取出留存的重要文件，全部烧毁，并向妻子告知当前的紧急形势，商量搬家转移事宜。第二天上午，李淑一雇了一辆车子，带着孩子迅速转移到自己的父亲家中。下午，柳直荀赶到岳父家中，和老人交代说："淑一和孩子们就暂时麻烦你们了，待时局稳定之后，我就来接他们。"

岳父李肖聃安慰道："他们住这里，我也放心，你就安心好了！"柳直荀转身对李淑一说："现在情况紧急，有好多事要马上处理，今天晚上我就不在家里歇了。如今时局不稳定，我最近可能不回来。反动派不会放过我们，我们也不会宽恕他们。"说完，看了一眼两个孩子，就匆匆离开。谁能想到，这次告别竟成为他们之间的最后诀别。

随着时间的推移，长沙市内反共的风声更为紧张，战争气氛笼罩省城，敌人随时都有动手的可能。然而，此时奉调中央的中共湖南省委主要领导已经移交工作，新任的临时省委书记遇事慌乱，不知道如何应对，借口向中央汇报工作，竟仓促离开。在这危急时刻，柳直荀同郭亮、夏明翰商议，推选郭亮为临时省委书记，柳直荀、夏明翰为省委委员、省委部门负责人。临时省委当即作出决定，一边派员到各县组织武装力量，一边在长沙市内加强警戒，准备同反动派开展武装斗争。

5月21日晚，柳直荀召集省总工会、省农协秘书、组织、宣传、自卫、妇女等各部干部开会，要求大家提高警惕，加强戒备工作。会议开至晚10点，天正下着大雨，突然外面枪声大作，驻长沙的何键部第35军第33团团长许克祥发动反革命政变。他带领1000多名士兵，向省总工会、省农协、省党校和省特别法庭等机关发起进攻，由于这天电报的代号是马日，史称马日事变。

许克祥指挥叛军主力很快就包围了省农协。柳直荀听到窗外枪声越来越密集，立即命令驻扎在省农协的农民自卫军队员拿起枪械奋起反抗，战斗很快进入胶着状态。由于敌强我弱，在前后出路都被围堵的情况下，柳直荀和自卫队总队长商量决定突围。然而，一次，二次，三次……十几次突围都没有成功。

这时，天色微明，形势更加危急。为了避免更大损失，柳直荀当机立断，命令战友们"分头逾墙突围"，想办法在河西会合。他先掩护同志们跳出围墙，然后从容地走到楼上，趁机扔出两颗手榴弹，借着烟雾的掩护，爬上西厢屋顶，掀开瓦片，躲进隔壁民宅，这才幸得突围。再经过简单化装后，冒雨出城，按约定前往河西指定地点会合。

柳直荀与郭亮等人会合后便一起研究当前形势与对策，大家认为，敌人虽然占领长沙城，但全省广大农村革命的力量还是雄厚的，以省总工会和农协的名义去号召、组织，一定可以很快组织起数万工农武装，反革命武装是可以消灭的。会议决定，迅即组织工农武装，高举起武装反抗的大旗，派人去武汉向中央报告事变经过和临时省委的决定，通电全国，揭露何键、许克祥的反动罪行。柳直荀随即向全省各级农协发出通电："反动派许克祥等已在长沙发动军事叛变，希各县严防反革命异动。"

以后几日，柳直荀到湘潭、湘乡等地，发动和组织农民武装，并在湘潭建立起湖南工农义勇军总指挥部，柳直荀被推举为总指挥。广大农民听说柳直荀、郭亮等人在组织力量，准备反攻长沙，无不欢欣鼓舞，"打进长沙去，活捉许克祥""替革命死难烈士报仇"等口号声如排山倒海，响彻湖南大地。

5月29日，集中在湘潭姜畲一带的万余革命武装，痛击来犯的许克祥部，揭开了围攻长沙的序幕。湘潭东区和株洲农民自卫军，在白马垅与敌人接火，敌军退至易家湾。30日，醴陵、安源的革命武装攻入易家湾，消灭守军一部，打开了从南面进攻长沙的通道。31日，浏阳农军兵分两路，攻入长沙小吴门和南门口。长沙、宁乡的农军，也从河西岳麓山出击，与浏阳农军形成东西夹攻长沙之势。

但是，由于陈独秀此时向国民党反动派妥协退让，农军不得进行武装斗争，从长沙撤兵，农军撤出长沙后，反动势力开始疯狂反扑，许克祥在湖南大肆屠杀共产党人和革命群众，整个湖南笼罩在腥风血雨之中。柳直荀和郭亮四处受到通缉，已不能在湖南立足。面对大好形势被断送，柳直荀不禁仰天长叹："数年努力，毁于一旦。"

言辞"拒"父

农军围攻长沙失败后，柳直荀只得离开湖南，准备先行赶往江西安源，寻找党组织。他穿上在雅礼大学读书时都很少穿的西装，系起领带，装扮成牧师的模样，以方便行动。谁知刚到湘赣两省交界的老关，就被当地的反动民团拦住了。

民团的一个头目上前盘问柳直荀："说！你是做什么的？要干什么去？"柳直荀看那帮家伙一副虚张声势的样子，认准他们不认识自己，肯定是借抓捕共产党的名义向过路人敲竹杠。于是不慌不忙地坦然应对："拦什么拦，我是雅礼大学的牧师，到前面去会个朋友。"

也巧，柳直荀猛然想起他的怀表链子上缀着一块雅礼大学发的、刻有英文校名的铜牌作装饰，于是掏出那块铜牌给团丁看，又说雅礼大学的教师黄秋浦是他的好朋友，不信可以去长沙核查。那民团头子一听说面前这个人是牧师，看着那一串弯弯曲曲的洋文，顿时一脸谄媚，赶忙客客气气地放行了。

闯过这一关，柳直荀本想继续前行。可是他听当地群众说，江西反动派也在蠢蠢欲动，各个通衢要道也是哨卡林立，并特别盘查湖南来的行人。柳直荀想，倒不如利用敌人认为他已经外逃、绝不敢再在长沙的心理，来个出其不意，回长沙投靠亲友，摸清时局再作打算。于是柳直荀改变计划，转道株洲，乘火车折回长沙。

此时的长沙城内，到处张贴着捉拿毛泽东、郭亮、柳直荀等人的通缉令。柳直荀的名字后面，明确写着"活捉者赏洋五千，取首级者赏洋三千"的重赏。柳直荀几经周折，暂时躲到了堂叔柳大卓的家里。柳大谧知道后，也悄悄赶到柳大卓家里，见到了日夜牵挂的儿子。

亲人劫后重逢，更是悲喜交加，父子俩的谈话，很快由时局转到个人安危上来。柳大谧看到满脸憔悴但精神奕奕的孩子，用考验的口气对儿子说："亲戚里有人劝你去自首。还说凭你的学问本事，不愁找不到一个安稳职业，舒舒服服地过日子多好。"

　　听到父亲的话，柳直荀不禁脸色变得严肃起来，两眼闪烁出坚定的目光："自首？砍下我的头颅也不干！我做的事，为国为民，光明正大，用不着向谁自首，倒是那背叛工农大众、背叛国民革命的刽子手，该向我们工农低头认罪。"

　　看到父亲没有说话，柳直荀接着说："人生在世，绝不是为了混碗饭吃。古人说得好，'宁正言不讳以危身，不从俗富贵以偷生'。我信仰为劳苦大众谋幸福的真理，怎能中途变节，做无耻小人呢？"

　　柳大谧听到孩子这样说，脸上总算是露出了笑容。他赞许地说："说得好！我就是怕你忘义偷生，做了变节小人，那要有好多好人葬送在你手里，我们柳家也见不得人啦！我在家里还在说，如果你去自首，许克祥不杀你，我也要杀你！"

接着，父亲问柳直荀有何打算。柳直荀想了想，对父亲说："我打算去武汉，请您帮我借2000块钱。有人要问，就说我已经脱离政界，去和一个朋友合伙做生意，需要一些本钱吧。"

柳大谧毫不犹豫地答应了。回到家后，他四处筹借了2000块钱，送到了柳直荀手里。在亲友的掩护下，柳直荀化装踏上了去武汉的火车。临行时，堂叔问他要不要去看一下李淑一母子。柳直荀想到李淑一此时正受到敌人的严密监视，自己不能感情用事，于是忍痛对柳大卓说道："不去了，请您转告淑一，要多保重，照顾好孩子。我一定会回来的，革命一定会胜利的！"

6月，柳直荀参加了长沙各界赴武汉请愿团的斗争。中旬，毛泽东和李立三、郭亮召集湖南来武汉向国民政府请愿惩办许克祥的共产党员和骨干积极分子近200人开会。毛泽东要求大家回到原来的地区，长沙站不住，城市站不住，就到农村去，下乡组织农民。要发动群众，恢复工作，山区的人上山，滨湖的人上船，拿起枪杆子进行斗争，武装保卫革命。柳直荀听到毛泽东的指示，更加坚定了和国民党反动派血战到底的决心。

6月24日，中共中央政治局常委会召开会议，决定组织新的湖南省委，由毛泽东、何资深、夏明翰、李植、林蔚等17人组成，毛泽东任书记，柳直荀被选为新湖南省委委员。毛泽东随即赴湖南长沙，从事恢复党的组织关系，打通长沙附近各县及衡阳、常德等地与省委的联系，并计划成立湘南、湘西及宝庆指挥委员会，分别指挥所属各地的政治、军事、党务工作，恢复党的组织。在湖南期间，毛泽东曾偕柳直荀等到衡山召集衡山主要党员干部和附近几县农协、工会、青年团、妇运会的负责人开会，谈马日事变后的形势，了解党的组织、工人纠察队、农民自卫军情况，以及国民党县党部、县知事的动态等。毛泽东在谈话中指出，马日事变是上海事件的继续，随着而来的将有无数个马日事变在全国发生，对不能合作已经反动的国民党分子要严加处治。强调各县工农武装一律迅速集中，不要分散，要用武力来对付反动军队，以枪杆子对付枪杆子，不要再徘徊观望。

7月上旬，以周恩来为首的中共中央军委，冲破陈独秀右倾机会主义错误路线的阻挠，决定将被陈独秀强行缴械的原武汉总工会纠察队和在两湖地区不能容身的工农运动负责人，编入贺龙率领的国民革命军第20军，随军"东征讨蒋"，前往九江。根据毛泽东的指示，柳直荀和郭亮等几十名湖南的共产党员一起去了九江。柳直荀化名刘克明，在第20军总部担任政治工作。7月12日，柳直荀在江西九江给其弟柳瑟虎写信，说"兄现因事离汉"，不久要去南昌，"暂时通讯处为南昌百花洲明星书店转刘克明便是"。

参加起义

柳直荀到达国民革命军第20军后的日子，可以说是充满了暴风骤雨般的急变。

党的五大闭幕后，武汉国民政府所辖地区的

危机越来越严重，以汪精卫为首的武汉国民党中央和国民政府迅速走向反动。而以陈独秀为代表的右倾机会主义分子却向国民党作出种种无原则的让步，引起党内许多人的不满。7月中旬，根据共产国际执行委员会的指示，中共中央实行改组，由张国焘、李维汉、周恩来、李立三、张太雷5人组成中央临时常委会。13日，中共中央发表宣言，强烈谴责武汉国民党中央和国民政府的反动行为，决定撤回参加国民政府的共产党员；同时声明将继续反帝反封建的革命斗争，愿意同国民党内的革命分子继续合作。

7月15日，汪精卫召开武汉国民党中央常务委员会扩大会议，以"分共"的名义，正式同共产党决裂。随后，汪精卫集团对共产党人和革命群众实行大逮捕、大屠杀。国共合作全面破裂，国共两党合作发动的大革命宣告失败。

面对极端危急的情况，为了挽救革命，刚组成的中共中央临时常委会毅然决定3件大事：将党所掌握和影响的部队向南昌集中，准备发动武装起义；组织工农运动基础较好的湘、鄂、赣、粤四省农民发动秋收起义；召集中央紧急会议，讨论和决定大革命失败后的新方针。

7月24日，中共中央批准南昌起义计划，决定由周恩来、李立三、恽代英、彭湃组成中共中央前敌委员会，周恩来任书记，领导南昌起义。7月下旬，周恩来等人以及贺龙率领的国民革命军第20军、叶挺率领的国民革命军第11军第24师等部队，陆续到达南昌。柳直荀也随军进驻南昌。

27日，第20军全部集中南昌。贺龙在军部驻地中华圣公会会见了领导和参加起义的共产党人李立三、谭平山、朱德、恽代英、刘伯承等人，进行了十分坦诚的谈话，明确表示"我们搞的是反对蒋介石、汪精卫的武装暴动"。31日下午，贺龙召开第20军营以上军官会议，传达前委8月1日凌晨起义的决定，宣布作战命令，并坚定地说："国民党已经叛变了革命，国民党已经死了。我们今天要重新树立起革命的旗帜……我们今后要听共产党的领导，绝对服从共产党的命令。"柳直荀等共产党员按照任务分工，过细做好起义官兵动员发动，详细摸排每个人的思想情况，认真进行战斗准备。

入夜，柳直荀等人随部队进入战斗状态。他们颈上系着红布带，左臂扎上白毛巾，马灯、手电筒上都贴着红十字，口令是"河山统一"。

8月1日，在以周恩来为书记的中共中央前敌委员会的领导下，贺龙、叶挺、朱德、刘伯承等率领党所掌握和影响的军队两万余人，在江西南昌打响武装反抗国民党反动派的第一枪。南昌起义标志着中国共产党独立领导革命战争、创建人民军队和武装夺取政权的开端，开启了中国革命新纪元。

柳直荀等人置身于这个伟大的历史洪流之中，感到无比激动和兴奋。贺龙和刘伯承在总指挥部指挥作战。第20军第1师的两个团围攻旧藩台衙门里的国民党第5方面军总指挥部。守城的警备团是朱培德从云南起家的精锐部队，事先获得了一个叛变的副营长的密告，做了应战准备。战斗一打响，敌人就集中火力封锁鼓楼，切断了起义军攻击部队的必经之路，战斗异常激烈。贺龙的指挥部和敌人隔街相望，距离不到200米。贺龙、刘伯承站在石阶上，观察情况，指挥作战。流弹不时在他们头上呼啸飞过，他们从容不迫，指挥若定。

第1师是第20军的主力，师长贺锦斋、第1团团长刘达五都是久经沙场的骁将。他们亲自带着队伍，利用民房，攀登上鼓楼楼顶，占领了制高点，以猛烈火力压制敌人，掩护正面进攻，又组织力量穿街入巷，翻墙越脊，向守军背后包抄，迅速将敌人压进其总部大院，迫使敌人全部缴械投降。在清理俘虏时，抓住了那个叛变的副营长，贺龙下令将其就地枪决。

第20军教导团、第2师和第11军第10师一部迅速包围了小营盘和大营盘。大营盘守军一个团慌慌张张抵抗一阵，因无法突围逃跑，只好放下武器。教导团冲入守军另一个团驻扎的小营盘，大部分敌人大喊着："不要误会！不要误会！"就缴枪投降了。

在城北牛行火车站，第20军第3团第3营营长王炳南听到枪声，迅速将在敌人宿舍外埋伏的部队展开。敌人睡得迷迷糊糊就被缴了枪。第3营立即占领有利地形，向赣江上游布置警戒。

叶挺、朱德所率起义军也迅速消灭了敌人。只用了4个小时，便将敌军3000余人全部歼灭。起义军总指挥部的5层大楼上，鲜艳的红旗迎着朝霞飘扬。

南昌起义，举世震动。8月1日上午，召开有中共中央部分领导人、在南昌的国民党中央委员、江西省党部委员、南昌市党部和海外党部人员参加的联席会议，选出宋庆龄、周恩来、谭平山、贺龙等25人组成"中国国民党革命委员会"，柳直荀成为革命委员会下设的农工委员会成员。

8月3日，起义军为执行中共中央关于南下广东，重建广东革命根据地的战略计划，开始撤离南昌，南下作战。柳直荀等农工委员会成员随新组建的第20军第3师一起南下，向广东进发。柳直荀利用各种时机，积极对指战员进行政治教育。由于仓促南下，起义军未能及时整顿和稳定部队，在到达进贤李家渡时，第10师脱离起义军折向赣东北。同时，逃亡现象不断发生，掉队人员众多。敌人也十万火急地动手了，张发奎电令各部"进剿"叶挺、贺龙部，国民党第8路军右路总指挥钱大钧率部从南雄开至赣州布防，企图堵截并消灭起义军。8月底至9月初，起义军在赣南瑞金、会昌地区，与堵截的国民党军进行激战，虽取胜歼敌但自身伤亡较大。9月下旬，起义军进入广东潮汕地区后，主力在揭阳以北汤坑附近的白石地区与敌作战失利，损失严重，被迫退向普宁流沙。柳直荀、郭亮等17个同志在突围时，与大部队失去联系。之后又遭遇反动民团袭击，经过一番苦战，最后只剩下7人和短枪3支。他们翻山越岭，绕道而行，到达普宁，找到部队，后按照周恩来指示，为长期革命斗争做准备，先到香港，再去上海，听候中共中央分配新的工作。

海上遇险

柳直荀、郭亮等7人离开普宁，来到陆丰县

甲子港，准备雇船沿江而下，到韩江港换船去香港。碰巧，江边上刚好停着一条半新的机帆船，船老大一身渔民装束，看样子长得颇凶、满脸横肉，手下还有 3 个伙计。柳直荀说明来意后，船老大一口应允，立刻吩咐水手客气地把他们接上船。

7 人上船后，柳直荀掏出几块银圆，请伙计去买些吃的来。两个伙计去不多时，便买来了许多吃的。很快，船老大吩咐伙计们解缆、扯帆、启航。

在船上，大家围成一圈，席地而坐，开始用晚餐。船老大一人掌舵，伙计捧起装满酒的竹筒敬酒，劝大家畅饮。谨慎起见，柳直荀多次提醒大家多吃少饮，郭亮也端起酒碗对大家说："对，要多吃少饮。"说着，便象征性地抿了一口，柳直荀和其他人也只饮了一口。饭后，船老大叫伙计冲来红糖茶水，递给大家。7 人不疑有他，一饮而尽。

过了一会儿，柳直荀等人开始觉得眼皮发沉，昏昏欲睡。他们没有多想，以为这是一个多月来行军作战疲劳过度的缘故。现在船行海上，又不会有什么敌情，正好休息，于是各自铺好凉席，倒头睡下了。

不知过了多久，一个巨浪把柳直荀打醒了。他发现自己和同伴们一个个光着上身被绑在一只小帆板上，原先的大帆船早已不见了踪影。举目四望，天上星光闪烁，小船在海面起起落落，浪打船头，像瓢泼大雨。柳直荀不禁打了几个寒战。他想爬起来，却全身无力，动弹不得，于是急忙把大家喊醒。大家纷纷猜测是船伙计端来的茶水里放了"蒙汗药"，趁大家昏睡过去，抢走了他们的手枪和衣物，又把他们遗弃在这小帆板上，随波漂向波涛汹涌的大海，任其自生自灭。

有人一边解着身上捆绑的绳索，一边愤怒地说："可恶！我们竟上了贼船。"

柳直荀倒是很豁达，站在船头，伸开双臂感受着迎面而来的海风，大口呼吸了几下，说："海里行、浪里眠，这是一次多么难忘的海上经历，将来写自传时，千万莫忘记啊！"他回头又对其他人说："你们看，我们每人还得到了一条结实的绳索呢！"

郭亮一听，立马接口说："我们不是得到了绳索，而是失掉了锁链，这正应了《共产党宣言》中的那句话——'无产者在这个革命中失去的只是锁链，他们获得的将是整个世界'。看，我们这些'共产主义的幽灵'从大陆到大海，不是得到了整个世界吗！"

其他人听了他们俩的谈话，纷纷被他们的革命乐观主义精神所感染。

小船在大海上颠簸，被海风卷起的浪花不断地打湿。船中的积水没有东西舀，他们就用手往外泼，用鞋子往外舀。太阳东升西又落，小船在海上漂了3天，几人都有点支持不住了。小船被海浪抛上抛下，随时有被海浪吞噬的可能。幸而这时海面上远远地出现了一艘轮船。7人一起向着轮船又是挥手又是大声喊叫，引起了轮船上水手的注意，这才得以获救。

这是一艘英国的商船。柳直荀用英语告诉水手们，他们是做生意的，在海上遇上了海盗，感谢水手们的搭救。水手们为他们弄了点穿的和吃的，把他们带到了商船的目的地越南西贡（今胡志明市）。到了西贡，7 人经过一番周折，历尽千难万险，总算于 10 月 27 日到达香港。此时的柳直荀，"患胆气病及咳嗽颇剧"，郭亮"亦患病甚剧，同病相怜"。

经历了那么多磨难，甚至住进了医院，柳直荀等人心中依旧挂念着革命，纷纷要求中共中央安排工作，想要立刻投身革命，继续战斗。于是，柳直荀白天待在病房里，打针、吃药。一到夜间，就像没有生病一样，跑出去找组织，汇报个人思想和身体情况，请求给予工作任务。香港党组织领导担心影响柳直荀养病，但又拗不过他，只得交予他一些相对轻松的工作。在香港的这段日子，柳直荀依旧像往常一样认真细致地完成任务，哪怕是一项很细小的事情，他都认真去完成。对此，同志们都非常心疼地称他是"闲不住的人"。

11 月，柳直荀等人经党组织的安排到达上海，住进了医院。一天，刚刚病愈从香港回到上海的周恩来到医院探望大家，热情地勉励他们："革命要胜利，也必定有失败的时候。失败了不要沮丧，要有赢得胜利的信心，要快快乐乐地继续战斗。"郭亮代表大家回答："您说得对，共产党人在任何时候也不会在失败面前低头。"周恩来看到大家坚定的革命信念、旺盛的工作热情，欣慰地笑了。

新的战斗

1928 年 1 月，中共中央决定由郭亮、贺龙、周逸群、柳直荀、徐特立 5 人组成中共湘鄂西北特委，郭亮任书记，由中央直接领导，到湘鄂边界发动群众，制造武装割据局面，但柳直荀和徐特立因故没有到任。根据组织安排，柳直荀作为中央的交通员（特派员），往来于上海和河南、湖北、江苏、陕西等地之间，负责文件传递和巡视等工作。当时全国处于一片白色恐怖之中，柳直荀的工作可谓是万分危险，但他凭借着无比勇敢和过人机智，每次都能化险为夷、圆满完成任务。

在工作中，柳直荀始终保持着高度的警惕性。他想到一个中年男子独自居住在上海，很容易惹人怀疑。于是便在住处窗前，时常晾晒一些女人、小孩的衣服，借此给特务造成错觉。他用"高方"（高桥方塘冲）的笔名，给一些中间派刊物和出版商翻译些西方的社会学论文，如翻译《优生学与婚姻》一书，由上海亚东图书馆出版发行，一方面挣得一些稿费，减轻组织的负担；另一方面取得一种职业掩护，营造出以翻译谋生"不问政治"的假象。

1928年2月，柳直荀到河南唐河县，与冯玉祥的南路军副司令邓宝珊商谈创办军教导团事宜，计划借机"武装一千工农"。在鄂豫两省中共党组织的大力支持下，很快在唐河县城建立起军官教导总队，下编5个大队，大队长、区队长和学员多是各地党组织所选送，为开展武装割据斗争创造了有利条件。

为联络太湖9县乡镇，以掩护和接应上海党的地下工作，柳直荀化名柳志远，扮作药材商人，与进步人士杨度到江苏无锡堰桥的朋友家住下。

很快，他就和严朴（陆定一的岳父）等当地共产党人接上了头，几个月里就恢复了20多个乡镇农协的部分活动，还在纺织工人集中的吴江县盛泽镇建立了3个文化补习班（实为我党外围组织）。柳直荀的活动引起了国民党当局的注意，并将他作为赤化分子准备逮捕。幸亏有一个同情革命的绅士报信，柳直荀在两个工友的帮助下，抄小路隐蔽在太湖边的芦苇荡深处才得以脱险。

后来，柳直荀又化名刘湘杰，辗转来到江苏武进县漕桥镇，与当地地下组织接上关系，以在私立吴氏小学代课作为掩护，在漕桥、鸣凤、郑陆、皇塘、卜弋桥等乡镇摸底，联络进步人士和地下党员，重新集结革命力量，开展发动民众等工作。不久，被敌人发觉并悬赏缉拿，柳直荀藏到一口空棺材里，才躲过敌人搜查。

还有一次，柳直荀正在上海街头匆匆行走，迎头遇到一个雅礼大学的老同学。来不及躲避，只得上前握手寒暄。那人见到柳直荀顿时眉飞色舞，不由分说就把他拉进路边的一家餐馆，对柳直荀说："他乡遇故知，真乃人生喜事。我们这么多年都没有见过面,今天一定要好好叙叙旧。"入座后,那人又说要去办一点小事,让柳直荀稍等片刻,随即起身离开。

柳直荀顿时警觉起来,心想身处动荡年代谁敢保证不发生变化。于是赶快起身离开餐馆,走到马路对面的一家店铺里,隔窗观察这边的动静。

不一会儿,那人气喘吁吁地跑了回来,身后不远处还跟着四五个便衣特务。看到这一切,柳直荀已然明了,这个同学肯定是卖身投靠国民党特务了,今天路遇自己,起了卖友求荣的歹心,想借口稳住自己,再通知特务抓人,哪知事与愿违,如意算盘落了空。就在几人气急败坏地互相埋怨,四处窥探寻找时,柳直荀早已从店铺后门穿过里弄,登上电车,扬长而去。

此外,柳直荀还借助这段难得的时间,认真总结自己在大革命特别是湖南农民运动中的经验教训。他先后撰写了《湖南农民革命的追述》和《湖南马日事变之回忆》两篇文章,分别发表在党的理论刊物《布尔什维克》杂志第 12 期、第 14 期和第 20 期上。

柳直荀在被连载的《湖南农民革命的追述》一文中，严厉驳斥了资产阶级、国民党反动文人对工农劳动阶级的污蔑和欺骗，具体总结了第一次国内革命战争时期湖南工农运动特别是农民运动的经验，热情歌颂了毛泽东正确的革命路线，批判了陈独秀右倾机会主义错误路线。他用"过去湖南工农专政的情形"，"尤其是侧重农民方面的情形"，证明"工人和农民组织政府的能力并不弱似现在一班统治阶级的老爷大人们"；"土地问题是中国几千年政治上要解决而未能解决的问题。政治上既不能替农民解决这样的大问题，湖南农民乃起而自己动手解决"，"农民为土地而进行的斗争完全是天经地义的事情了"。柳直荀对湖南农民运动新高潮的兴起仍怀着坚定的信心，他在文章最后满怀激情地写道："在马日事变后湖南的农民并未因此停止他们的活动，现在仍是不断的作英勇的战争完成他们历史上的使命，著农民革命，土地革命光荣的历史。我们且待他们著了再续罢！"

1928 年 5 月 21 日，在马日事变一周年时，柳直荀怀着满腔悲愤，撰写了《湖南马日事变之回忆》一文。该文的副标题是："事实的叙述，并纪念被难诸同志。"柳直荀在文中用铁一般的事实，揭露和鞭挞了国民党反动派以及陈独秀右倾机会主义者对革命犯下的不可饶恕的罪行，并通过事实的叙述，满怀深情地歌颂了在革命的紧急关头表现出大无畏英雄气概的中国共产党人和革命群众。柳直荀在这篇文章结尾处，指出了马日事变从反面对中国革命和中国共产党的积极意义："我们因得有马日事变，才能早从联合战线的假面具下脱难出来，正式担任无产阶级领导中国革命的使命；因得有马日事变，中国国民党的原形才能毕现，中国的工农兵士贫民，才能对于本党有深切的认识，本党的宣传得以益发深入；因得有马日事变，才能有八七会议，揭破以前机会主义的错误，而产出本党的新生命。"

柳直荀的这两篇文章，不仅在当时产生很大影响，也为后人留下了珍贵的历史资料。

津门暗战

1928年6月18日至7月11日，中国共产党第六次全国代表大会在苏联莫斯科近郊举行。这是中共历史上唯一一次在国外召开的党的代表大会。会议指出，中国仍然是一个半殖民地半封建的国家，中国革命现阶段的性质是资产阶级民主革命；当前中国的政治形势是处于两个革命高潮之间；党的总路线是争取群众。党的六大之后，全党工作出现了新的气象。柳直荀这时也接到了组织上安排他到苏联去学习的通知。

动身之前，柳直荀托人给弟弟柳瑟虎带去一封信，信中说，"我于八月七日动身去莫，此去约有四年之久"，"如中国政局无大变化，不要我们回来执政，当然只能照预定的计划做去。否则恐将缩短时间"。

8月底，柳直荀抵达哈尔滨。因为临时有工

作需要去天津完成，柳直荀又从哈尔滨返回天津。党的八七会议后，中共中央临时政治局为统一管理北方各省的革命工作，决定成立北方局，鉴于当时北方局急需一批干部充实，加之西伯利亚大雪使得交通中断，柳直荀去苏联学习未能成行，于是党组织便改派柳直荀留在天津工作。

当时的中共顺直省委设于天津（"顺直"即顺天府和直隶省的简称。北京曾名顺天府，河北曾名直隶省，中共顺直省委主要管理北京和河北的革命工作），是中共中央在北方建立的第一个省级机构。因省委内部在思想、组织、政治上陷于混乱状态，中央曾数次派人解决未果。11月，中央委派柳直荀任中共顺直省委秘书长。他到任后的第一项工作，就是筹备顺直省委扩大会议。他除负责筹划与安排会务外，还担负会议文件起草工作。

为完成这项工作，柳直荀化名刘克明，在天津法租界5号路（今和平区吉林路附近）租了一间房子，开起一家古董店作为掩护。柳直荀为店掌柜，组织上还选配了3名同志作为伙计，明面上经营古董生意，实为省委的联络点，担负接收和传递党的机密文件以及筹集活动经费等革命任务。

柳直荀讲着一口流利的英语，又文质彬彬，在旁人看来就是一个"洋老板"。店里古玩价格都标得特别高，自然也没有什么生意，只是偶尔有洋人光顾。因此，敌特分子也没有料到这个古玩店会是我们党的一个联络点。不过柳直荀从不敢因此掉以轻心。他给大家定下规矩：一是不许与家人通信，更不允许向家人交代自己的工作地址；二是与一切熟人包括新近认识的人必须断交，除了上级允许的地方外不得前往，得老老实实守店；三是只接待自行上门的顾客，不允许在大门口招揽客人。

柳直荀常告诫大家："在当前革命处于低潮的形势下，我们一定要谨慎从事，不可轻易暴露自己。我们今天的秘密工作，正是为了将来轰轰烈烈革命高潮的早日到来。"

一天中午，古玩店突然进来几个人，为首的腰间鼓鼓的，一看就知道暗藏手枪。柳直荀知

道来者不善，于是礼貌地问道："先生想要买点什么？"

"随便看看。"一个暗探漫不经心地回答道，眼睛在店面里到处瞄。

"这个怎么卖？"为首的那人用手指着一个双耳瓶问。

"仿清青瓷双耳花瓶，160元。先生如果想要，优惠价100元？"柳直荀介绍道。

"随便问问，这个不中意。"暗探转身指着另一个柜台里一块月牙形的玉器问："这个呢？"

"先生好眼力，这是整块蓝田玉雕的，名叫'玉如意'，价值250元，先生如要，给180元即可。"柳直荀道。

为首的暗探没答话，背着手来到墙上挂着的一幅画前，用手指着问道："这是什么画？"

柳直荀跟着走过去，应对自如地答道："这是宋代画家张择端的名画《清明上河图》，是国宝呀！只可惜本店这幅是后人高仿作品，不过价格也不低……"

这伙暗探见店掌柜彬彬有礼、生意精明、买

卖在行，店里也看不出什么破绽，只好退了出去。

谁知几天后的一个上午，这伙暗探又杀了个回马枪。古玩店一开门，他们就一拥而入，里里外外地又查了一遍，看店里伙计和陈列物品与上次没有什么区别，只得悻悻而退。

1928年12月，周恩来受中共中央委托，到达天津，解决顺直省委问题，指导北方党的工作。周恩来先后召集刘少奇、陈潭秋、韩连会等举行谈话会，听取他们对顺直省委党的工作的意见建议。柳直荀参加会议，并负责会议记录。

作为顺直省委扩大会议筹备组的主要负责人，柳直荀多次到周恩来住处聆听他对工作的指导，并与周恩来、刘少奇、陈潭秋等在一起研究有关会议文件。为了统一思想，顺直省委编印出版了一份党内刊物《出路》，取北方党组织的出路之意，柳直荀担任刊物主笔。

12月底，由柳直荀开办的古董店提供经费，中共顺直省委扩大会议在天津张庄大桥秘密召开。周恩来在会上作政治报告，陈潭秋、刘少奇也分别作了报告。柳直荀出席会议。大会一致通过了由柳直荀负责起草的《顺直党的政治任务决议案》《顺直省委党务问题决议案》等多项决议案。经中共中央批准，会议恢复顺直省委职权，并改组省委常委和京东党组织。柳直荀仍担任秘书长。

1929年1月10日晚，在柳直荀的协助下，周恩来召开了改组后的顺直省委第一次常委会，妥善处理了顺直省委的历史遗留问题，开始扭转顺直党组织的原有状况，开启了"北方党组织复兴新纪元"。

周恩来在津期间，顺直省委提出天津没有出版物的印刷设备，请中共中央帮助解决。当时，设在上海的中央秘密印刷厂遭到敌人破坏。根据周恩来指示，中共中央派出版部兼发行部经理毛泽民来天津，开办地下印刷厂，承印中共中央和顺直省委的重要文件和报刊。于是，柳直荀的古董店又多了一项工作，就是为党刊转递稿件。有时，柳直荀还要亲自为党刊校对印样或撰写文章，有的文件还由他定稿。毛泽民也以古董店股东的身份，有时身着长袍，有时改穿西装，打扮成资本家的样子，到店里"谈生意"，有时以喝茶打麻将作掩护，与柳直荀等人一起研究工作。

柳直荀一个人在天津居住，很容易引起特务注意。为了安全起见，党组织决定把李淑一也接到天津来，方便以家庭作掩护。为此，柳直荀先后3次给柳瑟虎写信，随信还寄去一张30岁生日照片，照片后题写了唐诗："何日平胡虏，良人罢远征。"柳瑟虎将信与照片转寄李淑一，结果信被长沙的国民党当局查获，李淑一因此被捕。后经柳大谧、李肖聃两位老先生四处营救，李淑一虽得以保释但被限制活动范围不得离开长沙。柳直荀知道家中出事之后，迅速切断了应急联络的信箱，使敌人无法按此线索继续追查。1929年9月，党组织为了柳直荀的安全，将他调离天津回到上海，在杨浦区一家日本纱厂秘密从事工运工作，任地下党支部书记。

由于长期的颠沛劳碌，柳直荀患上了严重的肾病，他的尿中常有"乌色的血块"，医生说他的病已相当严重，建议他割除右肾。但他并没有在意，依然坚持工作。一次，柳直荀到上海沪江大学看望一位老同学。看到柳直荀气色很差，老同学非常担忧，临别时吩咐他一定要多多保重身体，注意安全。柳直荀拍了拍老同学的肩膀，爽朗地说："我的这个身体，早就交给了革命。我做的这个事，早就知道是把头提到手里干的，一切早已置之度外。你就放心吧！"

武装斗争展旌旗

开辟湘鄂西

　　湘西、鄂西是一个地域名称，指中国湖南、湖北两省的西部交界地区，位于中国中部。其中的"西"字不是一个具体的地名，而是表示该地处于两省的边缘地带，湘鄂西南临幕阜山，西靠武陵山，长江从北而入，河道水网密布，地形复杂多变，易守难攻，非常适合开展武装斗争。贺龙等人开辟的湘鄂西革命根据地是中国三大农村革命根据地之一，包括洪湖、湘鄂边、襄枣宜、巴兴归、鄂西北（均州、房县）等革命根据地。柳直荀的一生，与湘鄂西有着难分难解的缘分。

　　早在1928年年初，贺龙、周逸群一行7人带着一本《共产党宣言》和两支手枪从上海赶往湘鄂地区，开始担负在这里发展工农武装、开展游击战争、建立苏维埃政权任务的时候，柳直荀就是当时的中共湘西北特委委员，但因事未能成行，遗憾地错过了与贺龙同赴湘鄂西领导荆江两岸年关暴动的历史机遇。

1929年9月，刚回到上海不久的柳直荀，又被中共中央委派到武汉任中央长江局秘书长和中央军事部巡视员，同时兼任中共湖北省委书记，从此开始了他在湘鄂西革命根据地的战斗生涯。湘鄂西这片红色的土地，最终还是与他的人生命运紧紧相连。

在短短半年时间内，柳直荀多次穿越敌人的封锁线，到洪湖革命根据地巡视工作，传达中共中央指示，同时把根据地的情况及时汇报给中央。为了在路上蒙混敌人，他经常打扮成洋行商人的模样，把党的文件藏在包装整齐的纸捆里，有时还对盘问的敌人说上几句英语。同志们知道了，便开玩笑喊他"洋人"。不过，当他们与柳直荀接触和熟悉以后，就又都打心眼里喜欢这位平易近人的"长哥"。

快速发展的革命形势，让柳直荀兴奋不已。此时，贺龙在湘西武陵山区组织武装起义，开展游击战争，创建了红4军。周逸群、段德昌领导开展以洪湖水网湖区为依托的游击战争，他们创建的鄂西游击总队扩编成洪湖游击总队，随着战争形势的发展，又扩编为中国红军独立第1师（亦称中央独立师），段德昌任师长，周逸群任政治委员，下辖第1、第2两个纵队。但是，中共湖北省委夺取武汉等大城市的命令与鄂西特委的巩固发展方针发生分歧，妨碍了两个纵队军事行动的统一。

1930年1月上旬，柳直荀将了解到的情况，到上海向中共中央作了汇报，然后奉命返回湖北，到洪湖革命根据地，传达中央关于成立红6军以及红4、红6军会师的计划，参与并指导红6军创建工作。柳直荀以中央军事部巡视员身份，写信督令分别活动的红军独立师的两个纵队尽快到江陵集结，从而开始了较大规模的军事行动。

2月5日，红军独立第1师的第1、第2纵

队在监利县汪家桥胜利会师。柳直荀传达中央指示，宣布中国红军独立第 1 师升编为中国工农红军第 6 军。孙德清任军长（不久孙德清因病由旷继勋继任），周逸群兼任政治委员，段德昌任副军长，许光达任参谋长，下辖两个纵队，段德昌兼任第 1 纵队司令员，段玉林任第 2 纵队司令员。为了加强党对红 6 军的领导和改进政治工作，柳直荀以中央军事部巡视员的名义，一直随军行动，并指示中共鄂西特委改组了原来的前敌委员会，组成新的前委。

红 6 军的诞生，是洪湖地区的革命武装开始由小到大、由弱到强、由分散到集中、由游击队到正规红军、由游击战到游击性运动战的一次飞跃。

2 月 7 日，红 6 军在新观召开万人大会纪念"二七"，并誓师出征。8 日，攻占龙湾、熊口、老新口、张金河等重要城镇。15 日，攻占新沟嘴，并消灭国民党军新编第 5 师 1 个连。17 日，占领渔阳镇。22 日，又攻占潜江县城，缴获长短枪百余支，俘获敌军政官员及土豪劣绅多人。3 月

8日，又乘胜攻克郝穴，消灭了国民党军独立14旅两个营。12日，攻克观音寺。4月，横渡荆江南下，连续攻克藕池、石首和调弦口（今石首市调关镇）等城镇……随着红6军"横扫千军如卷席"，荆江两岸各县的苏维埃政权也先后建立。

鄂西特委为适应革命形势迅猛发展的需求，于4月中旬在调弦口召开鄂西第一次工农兵代表大会。因鄂西特委副书记兼组织部部长万涛去湘鄂边未归，柳直荀受鄂西特委邀请负责主持大会秘书处的工作，他与周逸群等一起团结合作，保证了大会的顺利进行。大会成立了包括江陵、石首、监利、沔阳（今仙桃市）、潜江在内的鄂西苏维埃五县联县政府，选举周逸群为主席、崔琪为副主席。鄂西五县联县政府的成立，标志着洪湖革命根据地完全形成。从此，鄂西地区有了统一的革命政权机关，开始了根据地建设的新阶段。

4月下旬，柳直荀回到上海，向中共中央汇报工作，很快又返回武汉。然后到洪湖革命根据地，参加创建红2军团的工作。他和周逸群一起，派人去湘西与红4军联系，传达中共中央军委和鄂西特委关于他们迅速东下洪湖的指示。

7月4日，贺龙率领的红4军与红6军在湖北公安县城南平胜利会师。7日，两军前委召开联席会议，柳直荀向贺龙、周逸群等红军高级将领传达中央指示，根据中央决定，红4军和红6军合编为红2军团，红4军改称红2军，并组成以周逸群为书记的中共红2军团前敌委员会，贺龙任红2军团总指挥，周逸群任政治委员。完成了中共中央交给的两大任务，作为巡视员的柳直荀心里感到特别高兴和踏实。初创的红2军团由于非常缺乏有丰富工作经验的党政干部，柳直荀根据组织需要留下来，任红2军团前委委员、军团政治部主任（后兼红6军政治委员）。

从中共中央机关转入红军工作，这对于柳直荀来说又是一个新的挑战。他一方面虚心向贺龙、周逸群等人请教，另一方面深入基层，下到各个部队广泛开展调查研究，努力掌握带兵打仗和加强部队建设的过硬本领。

7月中旬，柳直荀在江陵、监利交界的普济观参加了红2军团的前委会议，对建军、部队行动方针、根据地发展方向等重大问题进行讨论。关于部队建设问题，柳直荀认为，由于红 2 军与红 6 军发展历史不同，诞生地不同，各有其自己的特点和存在的问题，因而提议要进一步加强领导和政治工作，建立和健全各级政治机关，充实工农成分，提高政治素质，严肃认真地整顿纪律，加强团结教育；并要求边打边练，利用战斗间隙，结合实战需要进行军事训练。前委会议决定红 2 军团在普济观一带完成整编工作，即向东北转移。

关于红 2 军团行动方针和根据地的发展方向，前委决定抓住蒋介石与冯玉祥、阎锡山、李宗仁进行中原大战的有利时机，首先集中力量拔除洪湖苏区内部的国民党军据点，肃清地主武装，以建立进可攻、退可守的战略后方；尔后开辟襄河北岸地区，向荆（门）当（阳）远（安）地区发展，使湘鄂西各根据地逐步连成一片。在贺龙的指挥下，红 2 军团分两路向东北挺进。军团主力迅速扫除了龙湾、熊口等守军据点，解放了潜江县城，并乘胜攻占天门重镇岳口。柳直荀等领导的红 6 军一部，连克新沟嘴、府场、杨林尾等地。

这样，就把洪湖、湘鄂边、秭归、兴山、巴东、鄂北、鄂西北等根据地连接起来，组成了湘鄂西革命根据地。湘鄂西革命根据地与鄂豫皖、湘鄂赣革命根据地互为掎角，成为土地革命战争时期的重要根据地。

巧歼"北极会"

"北极会"也叫白极会，是一个封建会道门组织，其历史最早可以追溯到太平天国时期。当时，鄂中地区就有北极会配合清军围剿太平军的记载。1926 年年底，随着北伐军的胜利，鄂中地区革命运动风起云涌，封建会道门一度销声匿迹。

大革命失败后，反动势力逐渐猖獗，北极会又死灰复燃。他们自诩"刀枪不入"，利用封建迷信蛊惑群众，在鄂中地区先后设置"佛坛"200多处，吸收会众数万人。国民党地方政府和土豪劣绅也大力扶植北极会，将其作为"对付革命的工具"。因会众身穿白衣，老百姓又将他们称作"白极会"。1930年6月，北极会在国民党军新3旅的支持下，以"佛坛"为单位组建大队，每个大队辖3个中队，中队辖3个小队，操练会众，共有2.3万人、枪5000多支，还将会众按乡、村、邻、里、排进行编组，提出了"建立乡村邻里排，打倒苏维埃"的反动口号，并派会众配合国民党军和反动民团进入苏区，大肆烧杀抢掠。苏区群众对他们恨之入骨，纷纷要求红军消灭这一反动组织。

8月上旬，红2军团前委决定彻底铲除北极会，即令柳直荀和段德昌率红6军第17师前去平乱。部队在开往监利途中，参谋人员有点为难地对柳直荀说："北极会反动暴徒是极少数，而绝大多数会众是受骗的老百姓，这仗不好打呀。"柳直荀胸有成竹地说："我早已和段政委商量了3条意见，即'六字'方针：揭露—分化—歼灭，不知你们意下如何？"参谋人员说："好，很好！就按主任的意见办。"当天下午，部队到达监利北口宿营。

第二天一早，柳直荀挑选了6名机智勇敢的同志，装扮成老百姓的模样，前往北极会驻地，装得十分虔诚地去请北极会的3个师爷（即道长），前来北口传教。接着柳直荀吩咐100多名战士换上老百姓的衣服，混杂在人群中，到时配合行动。同时，段德昌在东荆河底边上的北口小学筹备群众大会。

中午，3名道长来了，他们身着道袍，头缠白巾，胸前挂着太极图，走到河堤边的香案前，面对300多名群众，立刻作起"法"来。只见他们烧香叩头、顶礼膜拜、持剑念咒，好一顿蹦跶。直到法事表演完毕，战士们一拥而上，迅速将3个妖道逮住，用绳子拉入北口小学群众大会，喝令其向群众老实交代"刀枪不入"的骗人把戏。3个妖道顿时吓得战战兢兢，其中一个还嘴硬地回道："你们把我们捆绑起来，这样叫我们怎么作法？"

柳直荀和段德昌命人给3人松绑，只见3人强撑着又一顿表演，其间还有两人乘身边战士不注意，脚底抹油、转身就跑。被战士"砰、砰"

两枪打倒在地上，鲜血从上身衣服中冒出。剩下那个见状吓得两腿一软，跪在地上不停地磕头求饶，筛糠般地说："我们受了总舵主老妖道的蛊惑，胡编'刀枪不入'的咒语，自欺欺人，我们认罪！"

就这样，柳直荀、段德昌等人当场揭穿了北极会"刀枪不入"的鬼把戏，使广大群众很快消除了对北极会的神秘感和恐惧感，那些受蒙蔽欺骗参加的群众纷纷退会倒戈，有的还参加了红军队伍。接着，柳直荀又选派几名机智果敢的政工干部和退会加入红军的几名原北极会会员，一起混入匪巢，打入北极会内部，暗中教育受蒙蔽的会员，启发他们的阶级觉悟，分化了大部分会众，削弱了北极会的势力。

但是，穷凶极恶的北极会头目不甘心失败，又纠集4000多名会众，发起反扑，他们于沔阳杨林尾摆坛盟誓："佛会阐教，坎门金钟罩，由天门到仙桃，气接昆仑山，我们打胜仗，回坛神跟来，个个喜洋洋！"唱毕，领众会徒分两路杀向峰口和北口。

柳直荀和段德昌早已做好了战斗准备。柳直荀率第17师一部，埋伏在通往峰口大木桥南端的堤坡边，先在木桥北端的堤埂上设置了一些障碍物，并在桥面上撒满了碎玻璃和瓦碴。正午时分，北极会从峰口向红军发起进攻，几百名大小头目冲锋在前，后面3000余名会众呐喊跟进。他们头裹白布，胸挂太极图，光臂赤足，狂舞大刀，一边高喊"打不进，杀不死，西天佛爷护我身"，一边越过障碍物，向桥上猛冲，一个个双脚被刺得鲜血直流，痛得喊爹叫娘。这时，柳直荀一声令下："打！"步枪、机枪一齐开火，打得众匪徒死的死伤的伤，连滚带爬。红军乘胜出击，消灭会匪2000余人，活捉了大小头目30多个。

段德昌率领第17师另一部，在监利游击队和北口群众的配合下，于北口东荆河堤边设伏，待匪徒向监北溃退，由此向南进入伏击圈，段德昌指挥红军和游击队迎头痛击。这时，柳直荀也率部赶来，对匪徒形成南北夹击，一举歼灭匪徒1000多人，俘虏会众800余人。

就在同一天，贺龙率领红2军主力，先后攻

取了天门岳口和潜江县城，并挥师荡平了北极会的老巢石山港。至此，洪湖苏区内最大的地方反动组织北极会被彻底消灭了。

当天下午，柳直荀对俘虏训话说："经我们了解，你们中大多数人是受骗上当才加入北极会的，现在匪首已经消灭，愿意弃暗投明参加红军的，我们欢迎；不愿意参加革命队伍的，我们也不勉强，如确有困难想回家种田的，我们发路费让你们回家。"这些被俘的北极会会众，原本大都是一些穷苦青年。听了柳直荀的讲话，一个个感动得热泪盈眶，纷纷要求参加红军。经柳直荀、段德昌仔细审查甄别，共吸收500多人参加红军，其余都发给路费遣散回家。

出谋攻监利

1930年9月，在李立三"左"倾冒险主义的错误指导下，红2军团进攻长沙未果，接着又在被迫向武汉进军时受挫。12日，中共中央派邓中夏抵达周老嘴，担任湘鄂西党和红军的最高领导职务。他一到就写信给红2、红6两军，并派人急送，每日一函，嘱咐将军队调回。20日，邓中夏在周老嘴红2军团总指挥部，主持召开了红2军团前委军事会议，柳直荀参加了会议。

会议传达了中共中央关于红2军团渡江南下，配合红1、红3军团进攻长沙的指示，并决定先攻下监利县城，再行南征。将鄂西特委改为湘鄂西特委，成立湘鄂西苏维埃联县政府，周逸群调离红2军团，任特委代理书记和联县政府主席，邓中夏自任军团政治委员和前委书记。

监利县位于江汉平原，南枕长江，东襟洪湖，是敌人阻塞洪湖根据地南北通路的据点，1928年以来，红军曾两次攻打监利不克。1930年秋，监利县城守敌是国民党新编第3师教导团和监利保安团，共2000多人。该教导团为新编第3师的主力，装备精良。监利保安团已经扩充到16个连，大多由兵痞组成，颇能打仗。加之城垣坚固，又有后河护城，易守难攻。

贺龙鉴于前两次攻打监利县城失利的教训，对此次攻打监利县城慎之又慎。他和邓中夏主持召开了军事小组会议，请同志们出谋划策。会上，大家讨论很热烈，谈了很多很好的意见。贺龙一边听，一边点头深思。突然他抬头问柳直荀："柳主任，同志们称你是红军的智多星，你有何高见？"柳直荀笑着说："智多星不敢当，我倒佩服贺老总的神来之笔！刚才大家提出的计划都是高见。不过，我要补充一点：听说地下党员杨嘉瑞同志，已打入敌人的教导团任9连连长，这一重要关系现在正可以利用。"见到大家很感兴趣，柳直荀接着说："杨嘉瑞与我和葛霁云很有交情，两年前我们在南阳府分别时，我对他说，我们共产党人，无论何时何地都要忠于党，在关键时刻要敢于挺身而出，为党作贡献！他坚定地点头赞同，并与我们握手道别，不想现在他已打入敌人内部。如果我们派人与他取得联系，到时来个里应外合，攻城将更有把握了。"

　　贺龙听了连连点头说："好！好！这个主意很好，想不到你们还有这层关系，真是天助红军也！"段德昌建议道："我看可派监利县委委员张孝贵前去，这个女同志机智勇敢，胆大心细，处变不惊，又不会引起敌人的注意。"会议当即决定由柳直荀给张孝贵布置接头联络的任务。

经过柳直荀一番策划，第二天清早，张孝贵换上一身女儿装，打扮成一个漂亮的农家少女的模样儿，挑着满满的一担礼物出发了。张孝贵是本县汴河人，对县城很熟，她打算从一条小巷进城，谁知刚一转入巷口，就被几个守城的哨兵挡住了，哨兵喊道："站住！干啥子的？"张孝贵不慌不忙地放下担子，一边擦汗，一边轻声地说："我城里的二姐生了儿子，娘要我送'祝米'去。"

"不行，不行！上峰有令，不准通行。"

"这哪成，谁家生孩子，娘家不去祝贺的？你们这些男人，哪晓得这里面的道道。"

"这……"张孝贵见哨兵有点犹豫了，就故意揭开篮子说："不信，老总检查检查。"这一揭，一股香气扑鼻而来，把其他哨兵也吸引了过来，忙撩开红布，只见有煮熟的鸡蛋，香喷喷的米酒、卤鸡，挂红的喜酒和米面以及布料等物。哨兵们便毫不客气地吃喝起来，很快就把能吃的东西全部吃光了。张孝贵故意噘着嘴哭起来，情急之下还真溢出了几滴眼泪。领班的哨兵急了，他怕上司发现挨罚，忙说："不哭不哭，补你两块光洋，明天买东西送去吧。"张孝贵依然哭着说："不，今天是侄儿满月，娘说今天一定要去的，明天就迟了，这是乡下送'祝米'的规矩！"

"那好，现存的东西我这儿还有一些，面条、糯米、布料，外加两块光洋，快送去吧！"

张孝贵见好就收，挑起担子，大步进了城。她按照柳直荀的吩咐，转了几个弯，对准暗号，很快就找到了杨嘉瑞。杨嘉瑞机警地把她带到一个偏僻处，从内衣里掏出一张敌人的城防图给她，小声急问："攻城时间？""9月22日。"张孝贵同样低声回答。杨嘉瑞急忙说："担子不要了，快跟我走！马上送你从西门出城，那里有我的人。"张孝贵大步流星离开县城，赶回军部，向柳直荀作了汇报。柳直荀高兴地称赞说："孝贵同志，你为红军立了大功啊！"恰巧贺龙走了进来，柳直荀和张孝贵一起作了汇报。柳直荀指着城防图对贺龙说："从杨嘉瑞画的城防图看，敌人的重兵布防在东门，最弱的地方是北门和黄高桥防线。我们可派主力从这里突破！"张孝贵说："杨嘉瑞到时接应。"贺龙听了，抬起头微笑着说："要得，要得！孝贵呀，你真是我们红军中的巾帼英雄啊！"

9月22日拂晓，红2军团在肃清外围之敌后，从东、北、西三面攻城。邓中夏、旷继勋、王一鸣等率红6军第16师进攻东门，贺龙、孙德清、贺炳炎率红2军主力，攻打北门，柳直荀、段德昌、许光达率红6军第17师攻打西门和黄高桥防线。湘鄂西联县政府调集10万农军前来助战。顿时，喊杀声震天，枪炮声响成一片，3个城门浓烟滚滚，火光冲天。红2军团先头部队乘势冲进了北门，柳直荀、段德昌和许光达率领第17师，从黄高桥突破敌人防线，攻入城内，与敌人展开了激烈的巷战。敌人眼见招架不住，只得边战边退，逃至城南江堤上拼命抵抗。这时，杨嘉瑞带领第9连和第10连，在江堤火线起义，给敌人的最后一道防线以致命打击，残敌立刻土崩瓦解，分两股向东、西逃窜，均被围歼，朱河援敌也被农军在上车湾击溃。红2军团经过一整天的激烈战斗，胜利攻克了监利县城，全歼守敌2000余人，缴获枪炮1000多支（门）。监利县全境解放，标志着荆江南北，湘北、鄂西连成一体。9月23日下午，召开了有数万军民参加的祝捷大会。这是红2军团成立后第一次重大胜利，极大地鼓舞了根据地人民的斗争精神，加强了红2军与红6军的团结。

战斗胜利后，柳直荀来到江堤上看望起义官兵，一见面就说："我代表贺龙同志来问候你们，你们的选择非常对！"老朋友相会，柳直荀与杨嘉瑞紧紧拥抱，他派杨嘉瑞到红6军第17师第49团第2营去当营长，两个连的士兵都愿留下来加入红军。9月24日，中共鄂西特委和红2军团前委在监利县城方松泰商号召开联席会议，决定把中共鄂西特委和鄂西五县联县政府相应地扩大为中共湘鄂西特委和湘鄂西联县政府，首脑机关设在监利。中共湘鄂西特委和湘鄂西联县政府的成立，使湘鄂西地区有了统一的领导核心，并从政治、经济上制定了统一的政策和策略，为苏区工作的进一步发展提供了基本保证。监利成为湘鄂西革命根据地的中心。

因旷继勋奉调赴中央工作，会议决定段德昌任红6军军长，柳直荀兼任政治委员和政治部主任。这两位老战友终于又在一起并肩战斗了。

坚守"生命线"

在频繁的战斗中，柳直荀作为红2军团政治工作的负责人，非常重视部队的团结和建设，在政治上开展反不良倾向的斗争，极力保证部队在思想政治上的高度统一，尤其注意学习毛泽东领导的红一方面军加强军队政治建设的宝贵经验，坚决贯彻军团前委关于加强政治工作的各项决定。他经常下到连队，检查政治教育和整顿军纪的情况，找营连政治干部谈话，帮助新增设的团、营开展工作。在柳直荀等人的努力下，红6军存在的极端民主化倾向有了相当克服。他还从工农成分较多的红6军中精心挑选出一批思想觉悟高、工作能力强的政工干部，充实到红2军去，加强红2军的政治工作。经过广大政工人员和全军指战员的一致努力，新组建的红2军团，很快就成为一个坚如磐石、朝气蓬勃的战斗集体。

为使部队和地方干部拥有过硬的政治素质和军事素质，红2军团在洪湖军校开设军政干部训练班。柳直荀亲自给学员授课，进行政治思想教育。他在课堂上教育学员："我们红军是共产党领导的队伍，是工农的子弟兵，是为天下劳苦大众谋利益的军队。"

让学员们思考了一会儿后，他接着强调："在红军中决不允许有抽大烟、抢老百姓的东西、调戏妇女、打骂士兵、违反军纪等恶劣习气的存在。这是我们红军同国民党反动派军队的根本区别。"

柳直荀还利用古体词牌"江城子"推陈出新，为训练班写了一首《红军跑步歌》：

共产光明好主义，打土豪，均田地。男女平等，同唱幸福曲。有志青年快起来，向黑暗，猛攻击！

同志切莫再迟疑，不贪生，死何惧？冲锋在前，一定得胜利。洪水滔天路漫漫，洒热血，染红旗！

这首歌节奏明快，气势磅礴，唱出了革命者追求光明、勇往直前的心声，因此被大家称赞为"中国的《马赛曲》"。

为了巩固政治教育的成果，柳直荀将周逸群编写的《工农团结歌》、段德昌编写的《红军纪律歌》和自己编写的《红军跑步歌》3 首歌作为基本教材，印发红 2 军团，要求全军人人会唱，并强调领会歌词精神，严格按歌词要求去做。

1930 年 7 月下旬，柳直荀和段德昌率军从普济观出发，进军监利。进军途中，先后攻克了汪家桥太马河、观音寺，并顺利占领了余家埠。余家埠交通便利，商业发达，被人称为"小汉口"。但此地的老百姓和商人常年受国民党反动派和土匪武装的反动宣传和迫害，红军一来，都躲的躲藏的藏，街上空无一人，家家关门闭户。

看到这一幕,段德昌很无奈:"克明同志,你瞧瞧,这算怎么一回事?"柳直荀若有所思地说道:"这些群众对我们红军不理解,心存恐惧和疑虑。不过不要紧,通过我们做工作,局面很快会改变的!"

当天,柳直荀就通过地方党组织的帮助,找到了余家埠镇上一家比较大的商店的老板娘。老板娘见到柳直荀很是拘谨,说话不多。柳直荀耐心地做老板娘的工作,告诉她共产党和红军对商人的政策,并希望她帮忙引见当地商人,让大家对红军有更好的了解。老板娘听了以后,消除了戒心,带着柳直荀去找自己的丈夫。老板一开始也有些害怕和疑虑,一个劲地点头哈腰:"长官您好!请坐,请坐!"

"不要叫我长官,喊我老柳就行!"柳直荀连连摆手。老板见柳直荀和颜悦色,言行得体,先前的担心和害怕立刻就消除了大半。

寒暄几句后,柳直荀又笑着说:"老板,我们红军是为人民谋利益的。说我们红军到处杀人放火,奸淫掳掠,那都是国民党反动派造的谎言,当不得真。对咱们这样正当经营的商家，我们红军是大力支持和保护的！"接着，他又和老板推心置腹地谈了许久，让老板真正了解了红军是一支什么样的队伍。

"是我们失礼了！以前没有见过红军，那些消息都是听外界传的。"老板很不好意思地说道。

"那以后见到我们不用再躲了吧！"柳直荀大笑道。

"肯定，肯定。"老板也笑了，并答应第二天带领柳直荀去余家埠的街上"逛逛"。

第二天一大早，余家埠街上依旧冷冷清清。有几家商铺半开着门，有人在向外面探看。柳直荀和那个老板一起慢悠悠地走着，有说有笑，老板还不时抬手指这指那，向柳直荀介绍街道两边的商铺，柳直荀不时地颔首称道。

居民们看到红军和镇上大商号的老板有说有笑，像老朋友一样，感觉这红军不是传闻中那样可怕，也逐渐放松下来。一些平时和这个老板交好的人，还主动跑出来打招呼："这么快你就回来了！"

老板笑着说："我根本就没有跑，这位是柳政委，他鼓励我们做生意。咱们都用不着害怕，放心照常做咱们的生意就是了。您说是不是，柳政委？"

柳直荀笑着对大家说："的确是这样。请大家不要害怕，我们共产党领导的红军队伍，是专打国民党反动派和土匪的，是保护商人利益的。请各位放心。还要请各位转告大家，都安心开门营业做生意吧！关门一天，就有一天的损失。咱们可不能这样做生意呀！"

柳直荀的话，解开了几个老板的心结。而且红军到后这两天，大家都看到红军是保护老百姓的，这个红军政治委员说的话还是可信的，于是对柳直荀道："柳政委，我们相信您的话。我们马上回去开门营业，并将您的话转告给大家。"

很快，整条街就开始热闹起来了，各行各业都恢复了生产经营。

进军鄂西北

　　1930 年 10 月，中原大战结束后，蒋介石调集 10 万军队开始"围剿"中央苏区。此时，红 2 军团已根据中央指示离开洪湖根据地，渡江南下进攻湖南津市、澧县，但由于敌人实力过于强大，进攻受挫，加上连续战斗得不到及时休整和补充，红 2 军团由 3 万多人锐减至 1 万余人，处境十分艰难，不得不向湘鄂边转移。1931 年 3 月底，红 2 军团改编为红 3 军，辖第 7、第 8 师，贺龙任军长、邓中夏任政治委员、柳直荀任政治部主任。"开辟荆（门）、当（阳）、远（安）地区，以进逼宜（昌）、沙（市），而联系洪湖"的北渡军事计划因为敌人的重兵围攻而成了泡影，红3军失去了洪湖这块立足之地。

5月上旬，数路敌军向集结在走马坪一带的红3军合围。虽经官兵英勇抵抗，但未能将敌人击退。于是，前委不得不作出向北突围、进军鄂西北的决定，打算在崇山峻岭中，开辟出一块新的革命根据地，作为插入敌人心脏的一把尖刀。

此时，因洪湖及襄枣根据地的红军积极活动，国民党军第48师补充第1、第2团调往沙洋，第51师主力撤回钟祥、枣阳一带，红3军当面敌人兵力相对减少。同时，红3军自枝柏坪出发以来，转战千里，伤亡也很大。所以中共红3军前委决定集中兵力攻占均州，以此为依托，在均州、房县、保康、南漳地区创建鄂西北根据地。鄂西北地处鄂、豫、川、陕边界和武当山地区，地形险要，反动统治比较薄弱，物产也比较丰富，对建立根据地较为有利。

红3军的第一个目标是均州。均州城城墙坚固，巨石为基，青砖垒砌，白灰灌缝，城门用铁皮包制，素有"铁打均州"之称。为此，贺龙、柳直荀等人召开紧急军事会议，讨论了攻打均州的方法。贺龙先谈了攻城的初步计划。柳直荀接着说："我完全同意贺龙同志关于攻城的军事部署。不过，我还有一点想法。均州城门坚固，最好先用火攻，再配合攻坚突击战术，就算是铁打的均州，也可以攻下。如果烧毁城门，我军还可以避免一些伤亡。此法不知是否可行？"接着，他又详细说了自己想的火烧城门的具体方法。

贺龙高兴地连连点头道："克明同志，你的计策很好嘛！你想得远，想得巧妙。这次攻城就按照你的意见办！"大家又进一步完善了火攻的办法，并做好了战斗准备。夜晚，红军包围了均州城。战士们运来了大批干草干柴，但还未靠近城门口，就被敌人发现。顿时，枪声大作，敌人的火力全开，使得这些易燃物根本就无法运到城门下。

怎么办？柳直荀闭上眼睛思索了一会儿，计上心来。他叫来几个工兵，说这次战斗的主攻目标是均州城门，现在需要挖一条战壕，避开敌人的火力，靠近城门。战士们便分头开始行动。大家用了两个多小时，挖好了掩护壕沟。战士们带着武器弹药、柴草和煤油等悄悄潜伏到城门口下。

就在战士们紧张地搬运武器弹药时，柳直荀也来到战壕，问大家："准备得怎样了？"

"已经准备就绪，只等下命令啦！"

"很好！"柳直荀很高兴，又叮嘱战士们："动作要轻，声音要小，进攻时要勇猛、迅速。"

侦察员靠过来说："主任，这里太危险，请您回指挥所！"

柳直荀摇摇手道："我就在这里与你们一起战斗！这是一条安全沟，大家放心好啦！等一会儿贺军长还要来呢！"听柳直荀这样说，战士们的斗志更加高昂。

战斗打响了，城门下的大火也烧起来，城上的敌人见势不妙，纷纷逃离。城门烧塌后，战士们呐喊着攻进城门。经过一晚上的战斗，"铁打的均州城"被红军收复。

第二天，柳直荀代表红3军政治部，在县城中山公园主持召开红3军"庆祝胜利，安葬烈士"大会。会前，柳直荀泼墨挥毫题写一副对联："铁

打均州被红军突破，钢铁头颅为工农牺牲！"横批是"浩气长存"。贺龙见对联写得好，立即安排工匠将对联镌刻在中山公园的石牌坊上，并作为纪念，将中山公园更名"红军烈士公园"。

大会开始时，柳直荀首先讲话。他说："今天的会议一方面是庆祝红3军攻克了素称铁打的均州城，取得了南征以来的又一次重大胜利，使我们又有了新的根据地；另一方面是要悼念牺牲在这里的革命战友，他们是为解放均州而牺牲的，也是为了中国革命的胜利而献身的！我们应该好好安葬他们，永远怀念他们！"接着是师、团、营、连的代表发言。他们热情歌颂了烈士的英雄事迹，并纷纷表示决心，要把革命斗争进行到底，誓将英烈的遗愿化为宏图！

敌人不甘心失败，调集大量兵力猖狂反扑，贺龙、邓中夏、柳直荀等率领红3军主动撤出均州。经过艰苦转战，6月18日，红3军进入房县县城。房县地处武当山以南，是鄂、豫、川、陕四省交界之处，峰峦重叠，纵横千里，物产丰茂，且反动势力力量薄弱，为红3军在此建立革命根据地、开展游击战争提供了良好的条件。

红3军安营扎寨后，柳直荀领导政治部全体同志进行了卓有成效的工作。他们很快找到了年关暴动后保存下来的一批骨干，并通过他们与房县地下党取得了联系。在此基础上，深入开展群众工作，发展党团组织，建立红色政权。政治部还连续举办了两期干部短训班，为基层苏维埃政权和地方武装配备和充实了一批骨干。

7月上旬，根据中共中央湘鄂西分局的指示，中共鄂西北临时分特委在房县成立，柳直荀任分特委书记，兼任房县县委书记。鄂西北根据地在柳直荀的领导下，各项工作全面展开。柳直荀首先在房县县城主持召开了第一次县委扩大会议，通过了政治任务、党的组织任务、工人运动、农民运动、妇女运动等决议案。同时，红3军前委以各级政治机关为核心，组织大批干部、战士配合特委开展地方工作。很快成立了房县苏维埃政府和区乡基层政权。

接着，在以柳直荀为首的鄂西北分特委、房县中心县委和县苏维埃政府的领导下，房县人民开展了轰轰烈烈的土地革命运动和苏维埃政权建设。到 1931 年 9 月，"均、房整个纵横达 5000里，其中三分之二的土地，已经按照平均分配的原则，分配给了贫雇农和红军家属"。凡分配土地的地方，都由苏维埃政府颁发《土地分配证》，贫苦农民第一次有了自己的土地，切身感受到共产党和红军是真正为老百姓谋利益的。与此同时，柳直荀还根据广大群众的要求，主持召开了万人斗争大会，镇压了房县头号大劣绅杨聚新和北乡大恶霸何振极等反动分子，鼓舞了苏区人民的革命斗志，劳动热情空前高涨。当时有歌谣唱道：

"打倒土豪和劣绅，千年土地还农民，生产参军又支前，感谢党哟和红军！"

鄂西北革命根据地的创建，使红 3 军第一次摆脱了南征以来没有根据地作为依托的流动作战状态，取得了较为稳定的休整时机。全军干部战士情绪高涨，满腔热忱地投入地方工作和军事训练之中，千里房县苏区出现一派前所未有的欣欣向荣的革命景象。

在柳直荀等人的领导下，中共鄂西北分特委

和红3军上下团结一致努力工作，以房县为中心的鄂西北根据地发展很快，在东至谷城的草店、石花街，西至门古寺、九峰山，南北自盘水至大木厂，连绵数百里的狭长地区内，先后建立了14个区和105个乡的苏维埃政府，拥有人口20万，并且建立了赤卫队、红色补充军、游击队等群众武装，以及工会、劳动妇女协会、童子团、少先队等群众组织。

此外，柳直荀领导下的分特委进一步发动群众开展分配土地的斗争，使根据地人民的觉悟日益提高。由于鄂西北苏区的开辟，使红3军结束了前一时期无处歇脚、马不停蹄的流动生活，得到必要的休整和补充。1931年7月，许光达得知红3军占领房县后，便率部队进入房县同柳直荀胜利会师，鄂西北的革命力量进一步壮大。

随着政治、经济的改革，苏区的文化、教育、卫生事业，也有了相应的发展。红3军前委在房县开办了军事委员会鄂西北红色干部学校，参加学习的有红军干部、游击队基层干部和新党员，主要学习政治、军事、经济三门课程。贺龙、邓中夏、柳直荀和校长胡侪亲自为学员讲课。学校先后轮训了两批学员，分配到政治、军事、经济部门担任领导工作。在县城还开办了一所列宁小学，吸收适龄儿童入学，实行免费的义务教育。各区、乡苏维埃政府普遍办起了农民夜校和妇女识字班，开展扫盲教育和文艺宣传活动。

为了保证革命战争的胜利，利用党的政治工作教育和发动群众，柳直荀领导的红3军政治部印发了《中国工农红军的任务和纪律》，指出："红军的任务就是为推翻帝国主义、国民党政权而战争，为了土地归农民而战争。"同时规定了红军的十条纪律，在农民墙壁上留下了"红军不拿工人农民一针一线"的标语。柳直荀还利用晚上的时间，认真总结了鄂西北根据地的政权建设和土地革命等方面经验。他撰写多篇文章，刊登在湘鄂西《工农日报》上，积极宣传和阐述党的方针政策，为建设和发展湘鄂西革命根据地作出了重大贡献。

军民齐御敌

房县苏区的创建，就像一把尖刀插入敌人的心脏。国民党反动派为了消灭这块革命根据地，先后调集了大批军队围攻房县。红3军主力在苏区地方武装的配合下，英勇抵御敌人，击退敌人一次又一次进攻，保卫了房县苏区。

1931年7月下旬，蒋介石亲自下令"围剿"房县苏区。敌第51师范石生、李柱中部，郧阳张连三、马大脚部，谷城赵文启部，共约9个团的兵力，从东、北两面夹攻房县。

为了粉碎敌人"围剿"，贺龙率红3军主力红7师和红8师第23、第24团开往石花、寺坪一线阻击强敌；令新组建的红8师第22团和军部特务营留守县城。8月初，北路之敌张连三、马大脚2个步兵团、1个骑兵团，气势汹汹地攻占了房县以北的重镇大木厂，进逼县城以北的高枧、连山坡一带，企图袭占房县县城。当时县城内仅有红22团和军部特务营800余人。加之天降大雨，山洪暴发，城里积水没膝，城外洪水猛涨……在这环境恶劣、敌我力量悬殊、情况万分危急之际，贺龙沉着应战，指挥红3军主力在石花街以西地区阻击敌人后，率红23团星夜回师房县，与红22团内外夹击，于连山坡对敌展开激战。当时因倾盆大雨，使得为前线做饭、送饭发生困难，战士们两三天没吃上饭。柳直荀发动群众想办法，煮了大米南瓜粥，组织水性较好的群众和红军战士，利用羊皮筏把饭菜送上前线。他还带领红军干校学员和城里广大群众，一面参战，一面开展支前工作。苏区军民经过三天三夜激战，终于将来犯之敌击溃，缴获了不少武器弹药。这是红3军进入房县后开展的第一次较大战斗，是红军以少胜多、以弱胜强的典型战例。在苏区党和群众的大力支援下，贺龙率红3军主力又于连山坡两次击退敌人，抢占制高点，夺回被敌人占领的阵地，取得了苏区保卫战的胜利。贺龙一见柳直荀的面就称赞道："你的后方供应和支前工作做得好哇！两次胜利都有你柳直荀的一份功劳啊！"

敌人不甘心失败，范石生部、李柱中部、赵文启部又纠集在一起，兵分两路从谷城、保康，再次向房县苏区逼来，欲寻红3军主力决战。贺龙率红3军主力于保康寺坪、过渡湾一线阻击敌人。因敌人装备精良，来势凶猛，迫使红3军面临两面作战、兵力分散，未能阻止敌人进攻。这时，红3军前委决定，采取避实就虚、敌进我退的战术，在运动战中寻机歼敌。8月15日，红3军主力从保康寺坪退至房县榔口、王堤店一带；16日，再退至青峰镇；18日，又主动放弃青峰镇，退守阡口。敌人见红军节节败退，便放开胆子长驱直入，进行追击。

阡口距房县县城30公里，是个依山傍水的小镇。阡口以西5公里有座梅花山，一峰耸峙，形成天然屏障；在阡口与梅花山之间，有一条5公里的峡道，一旁是高山，一边是长河，这种自然地势为红3军伏击歼敌提供了良好条件。贺龙一看就惊叹道："好地方，好地方！"即令部队埋伏到峡道旁的山坡上，严阵以待。恰在这时，柳直荀带特委小分队在阡口组建地方武装，贺龙便要柳直荀带领地方武装前去诱敌深入。

红3军一退再退，敌人以为红军已被驱赶得精疲力竭、畏惧怯阵，便扬扬得意，放开胆子紧紧追赶。当敌人先头部队1个团追到阡口时，发现山坡上有一小股地方武装正在集结。敌人指挥官从望远镜中看见，柳直荀带领的小分队穿衣五花八门，手中的武器也是各式各样，没有几支好枪，并且看到国民党军大部队开到隐约有溃逃之意。以为碰到了"软柿子"，便命令部队一窝蜂地追了上去。待敌人1个团追进峡道，贺龙一声令下："打！"埋伏在山坡上的红军将士一齐开火，密集火力射向敌群。敌军一下乱了阵脚，死的死逃的逃，有的还慌不择路跳入河中淹死。红军指战员如猛虎下山，一阵猛冲猛打，柳直荀也指挥地方武装反身参加战斗，战斗力也毫不逊色。不到两个小时，便击溃敌人1个先头团，范石生见势不妙，急带残部退回青峰镇待援。

8月22日，贺龙率红3军主力第7、第8两师，掉头东进，乘胜直逼青峰镇。这时，柳直荀即率地方武装300多人迂回敌后，配合主力红军行动。他命人在青峰镇与阡口交界的杨家卡山上，插上一杆杆红旗迷惑敌人。这一计策还真奏效，范石生以为他的四周都被红军占领，形成了对青峰镇的合围态势，便惊恐万分地急带残部向保康方向仓皇逃走。红3军不费一枪一弹就收复了青峰镇。这时，贺龙拍着柳直荀的肩膀笑着说："老柳的'迷魂阵'吓跑了敌人，该为你记上一功了啊。"身边的人员也一起附和着："是啊！是啊！"大家的说笑让柳直荀都腼腆起来。

鄂西北革命根据地的军民，同敌人经过几次大的较量，重创了敌军，粉碎了敌人从东、北两面夹击房县的阴谋，不仅保卫了鄂西北根据地，壮大了红3军的力量，而且锻炼了苏区群众，使房县苏区的斗争进入了一个新的阶段。

领兵守房县

1931年9月上旬，红3军接到中共中央湘鄂西分局《关于军事路线问题给红三军全体同志的信》，信中要求红3军必须立即返回湘鄂西洪湖苏区。在红3军前委接到中央分局指示的同时，又获悉洪湖苏区新建的红9师，已由师长段德昌率领沿襄河北上，来迎接红3军返回洪湖。于是红3军前委在房县青峰镇召开了扩大会议。参加扩大会议的有红3军前委委员和师级以上干部，柳直荀以前委委员身份参加了扩大会议。会议的中心议题是研究部队的去向。经过激烈争论，决定红3军回师洪湖，柳直荀则继续留在房县领导斗争。

红3军主力走后，柳直荀将留下的军部教导团、特务营、政治保卫队和分散在各地指导工作的各级政治机关工作人员，合编为红3军第25

师。由汤慕禹任师长，下辖第73、第74两个团，1000余人。又将各县、区的红色补充军整编为6个游击大队，归中共鄂西北分特委指挥。这样，初步形成了一支正规红军与群众武装相结合的机动灵活的革命武装力量，由分特委书记柳直荀统一领导，坚持房县苏区的武装斗争。

红25师刚一成立，国民党匪军便疯狂地向房县苏区进犯。柳直荀率领红25师，在广大人民群众的支援下，占领有利地形，一举击溃了来犯之敌，保卫了红色根据地，威震房县。8月下旬，红25师在房县北乡剿匪。国民党房县保安团团总陈茂炳，趁机勾结曾荣华的大刀会和张神仙、李成辉、汪九麻子等土匪武装3000多人，一度偷袭占领了房县县城，逮捕了县苏维埃干部和革命群众200多人，准备集体枪杀，血洗房县县城。柳直荀接到报告后，立即与汤慕禹、朱勉之等人商议决定乘敌不备，夺回县城，拯救被捕的干部群众。上午10时许，天色阴沉，柳直荀等人率红25师急行军，于北峪沟一举歼灭了驻扎在离县城10多里的李治成匪部300余人。柳直荀灵机一动，当即命令部队化装成李治成的队伍，打着李匪的旗号向县城疾进。

中午时分，眼看一场腥风血雨的大屠杀就要开始了。在这万分危急的时刻，化装成匪军的先头部队终于赶至城下，告诉守城敌人要与陈茂炳部会师。狡猾的陈茂炳带着副官卫兵爬上城头窥视，只见城下灰扑扑的300多人，果然是李治成的人马，便信以为真，命令大开城门迎接。这时，乔装土匪的红军战士如猛虎下山，暴风骤雨般迅速占领城门并冲进城内。与此同时，红军后续部队亦如狂飙般卷入城内，一起聚歼了毫无防备的守敌2000余人，救出了被捕的同志，避免了革命的损失。匪首陈茂炳、曾荣华见势不妙，只带少数卫队从南门仓皇逃出。此次胜利，打击了敌人的嚣张气焰，大涨了红军的斗志，鼓舞了广大群众，大家看到红军主力走后，红25师仍然打胜仗，情绪稳定了，心里也踏实了。1931年12月，国民党军兴安警备旅旅长刘正增带领两个团共千余人向房县进攻。他命令1个团进入房县以西的上达河，1个团进占三教堂，然后合围房县县城。柳直荀针对敌情，即同汤慕禹等人进行紧急研究部署。柳直荀说："我们不能死守县城，应主动撤出，开展游击战，待机歼敌！"思想统一后，柳直荀、汤慕禹即率红25师主动撤离县城，退至县城以东的马栏街附近隐蔽待敌。敌人见红军出乎意料地不战而退，害怕中了"空城计"，不敢轻举妄动，龟缩在上达河一线观察动静。

晚上，柳直荀、汤慕禹率红25师，在地方游击队的配合下，悄悄从马栏街出发向西潜行，突然将上达河之敌包围，在敌人毫无防备下突然发起猛烈攻击，经5小时激战，全歼敌人1个团，活捉敌旅长刘正增以下900余人，缴获长短枪1000多支、机关枪70余挺，以及大量弹药。敌人的另1个团听说刘正增已被红军俘虏，吓得连忙从三教堂撤走。这是红3军主力走后，柳直荀领导红25师打的又一个漂亮的奇袭仗，极大鼓舞了苏区军民的斗志。

第二天，柳直荀在房县县城广场，主持召开军民万人祝捷大会，处决了骚扰苏区、残害人民的敌旅长刘正增、团长宋江楚等人。柳直荀在会上发表了慷慨激昂的演讲，鼓舞大家说，"我们红25师组建以来，连战连捷，战果累累，打退了敌人一次又一次进攻，不断取得保卫苏区的胜利。这个胜利是红军和游击队的胜利，也是我们苏维埃广大军民的胜利"，"在战斗中英勇牺牲的同志，我们要好好地安葬他们，人民是永远不会忘记他们的"！

会后，柳直荀一面安排政府的同志修建简易的红军烈士陵园；一面加强领导红25师的军政训练，随时准备打击来犯之敌。自红3军主力走后，柳直荀感到自己肩上的担子重、责任大，一点也不敢马虎。

施计除恶匪

鄂西北革命根据地的形成和房县苏维埃红色政权的建立，不仅遭到国民党反动军队的多次"围剿"，同时也受到地方土匪武装的袭击。当时危害最大的一股反动武装，就是曾荣华的土匪队伍。

曾荣华是一个杀人不眨眼、流氓成性的兵痞，原先在地方军阀张连三部下当兵，后逃回家乡，另立山头，扯起了大刀会的反动旗帜，自命为"大刀司令"，有匪徒1000多人。这股土匪的巢穴建在深山老林的柳树垭，在山前筑有瞭望台，沿下山之路布有工事和岗哨。他们凭借有利的山势和这股力量，经常下山骚扰百姓，不是杀人放火，就是抢劫财物、强奸妇女，闹得四邻鸡犬不宁，群众无不咬牙切齿，恨之入骨。红3军到达房县后，这股土匪又与红军为敌，几次袭击红军工作队。当红军主力部队赶到时，他们又逃进深山龟缩不出，让部队剿也困难，围也困难。

早在八九月间，匪首曾荣华曾带领大刀会大部分匪徒，参加了国民党房县"铲共"团长陈茂炳发动的反革命军事行动，一度袭占房县县城，企图屠杀共产党员和革命群众，还参与逮捕县苏维埃党政干部和革命群众。当柳直荀率领红25师攻进县城，匪军遭到毁灭性打击，曾荣华见势不妙，即带残部随陈茂炳从南门侥幸逃出。但曾荣华匪性难改，不甘心其失败，又招兵买马，很快就又纠合了1000余名匪徒，啸聚山林，继续与人民为敌。苏区军民早就想消灭这股土匪武装，拔除苏区内这颗毒钉，怎奈崇山峻岭，层峦叠嶂，土匪藏于深山老林，隐蔽不出。红军和游击队几次进山剿匪，都无功而返。

柳直荀为消灭曾荣华匪部苦苦思考，突然计上心来。他决定采取"调虎离山"之计，设伏灭匪。9月中旬的一天早晨，柳直荀率红25师整装列队，大张旗鼓地从青峰区出发，沿途大造声势，扬言开往两河口去练兵整训，并派人四处放出消息。当部队行进了5公里左右时，柳直荀即令部队偃旗息鼓，绕道悄然迂回青峰区，将部队埋伏在通往青峰镇峪河附近的假骨山丛林里。时值仲秋，骄阳似火，战士们不顾炎热和疲劳，不怕蚊虫叮咬，一个个纹丝不动地潜伏着，严阵以待。

上午10时许，匪首曾荣华得到探子的报告，获悉柳直荀已率红25师离开，便大笑道："我怕的就是红25师，现在他们走了，正是我们下山一显身手的好时机!"说着便迫不及待地集结队伍下山。曾荣华带领 1000 多名匪徒，前去袭击青峰区苏维埃政府。

中午时分，土匪队伍已骚扰到离青峰镇峡道不远的峪河。曾荣华见一路已经抢劫老百姓大量的粮食、盐和食油，又抢到了一些猪、羊、鸡、鸭等，便命令队伍停下来休息。柳直荀担心土匪就此返回山林，便立即派出小股力量前去袭击匪徒，以图诱敌深入。

曾荣华见来人不多、武器装备又差，认为有便宜可占。于是留下少数武装看守抢来的物资，其部由他指挥全力追击。红军小分队且战且退，将匪兵全部引进伏击圈。柳直荀见时机已到，一声令下:"打!"埋伏在峡道两边山岭上的红军指战员，一跃而起，端起冲锋枪、机关枪、步枪、手枪，居高临下，朝着匪兵一顿猛扫，子弹像倾盆暴雨般笼罩着峡道上的土匪队伍，打得匪徒们喊爹叫娘。顷刻间，上千人的土匪队伍被歼过半，余者纷纷举手投降。红军将士乘胜冲下山岭，活捉了匪首曾荣华。与此同时，柳直荀急带特务营

飞奔峪河，消灭了留守的匪军，并令战士们将土匪抢来的物资送还给老百姓。此次伏击战，仅1个小时便胜利结束了。

下午两点左右，柳直荀率领红 25 师返回青峰镇，召开群众大会，热烈庆祝红军剿匪的重大胜利。柳直荀在会上激昂地说："曾荣华土匪武装是我们房县苏区内的一颗毒钉，今天终于被拔除了！这股土匪长期与红军为敌，残害苏区父老乡亲，犯下的罪行罄竹难书，作恶多端的土匪头子曾荣华也被我们活捉了，今天是我们报仇雪恨的时候了！"这时会场上响起了一阵热烈的鼓掌。掌声一停，柳直荀又大声宣布："把曾荣华押上来，交给人民群众来清算和审判！"会场上立即响起了激昂的口号声："打倒国民党反动派！""中国共产党万岁！""红军胜利万岁！"接着，由苏维埃审判委员会公审了匪首曾荣华的反革命罪行，并当众宣判立即执行枪决，会场上群情激昂，百姓无不拍手称快。

蒙冤罹难浩气存

临难不苟免

　　1931 年 1 月，中共扩大的六届四中全会在上海召开，王明实际掌握了中共中央的领导权，以王明为代表的"左"倾教条主义错误路线在党的领导机关内开始了长达 4 年的统治。很快，"左"倾错误路线也迅速控制了各个中央分局、各个苏区和红军。3 月，夏曦作为王明路线的忠实执行者来到洪湖苏区，改组了党的领导机关，成立了以他为首的中共中央湘鄂西分局和军委分会。1931年年底至 1932 年年初，中共中央曾数次给湘鄂西党组织发出指示，特别是 1932 年 1 月 9 日的《关于争取革命在一省与数省首先胜利的决议》，助长了"左"倾错误路线在湘鄂西的贯彻执行。

1932年1月，国民党军第51师304团及余希珍部共1.3万人进犯房县，流窜在四乡的地方反动武装也联合起来，向房县苏区疯狂反扑。正当柳直荀领导鄂西北军民与"围剿"的敌人进行艰难周旋时，临时分特委却接到湘鄂西省委指示，要原红3军教导团从红25师中调出，返回洪湖苏区归建，执行所谓的"向襄北发展，与鄂豫皖打成一片"的冒险主义军事计划。

为此，柳直荀在房县主持召开临时分特委紧急扩大会议，召集红25师团以上干部参加，传达上级指示，研究部署退敌之策。与会同志认为，好不容易发展起来的鄂西北根据地和游击区，决不能轻易一走了之，并弃之不顾。同时，大家也考虑到指示中的强硬措辞，认为教导团如不立即归建，夏曦会抓住这个问题做足文章，"违抗命令""右倾机会主义"的帽子也会随时扣下来。会议经过认真分析，决定原教导团执行命令归建，但也要留下一定数量的部队，会同苏区游击队坚持斗争。鉴于大敌当前，为避敌锋芒，保存有生力量，柳直荀决定各级苏维埃政府人员以及游击队，应立即撤离房县县城，进入山区。柳直荀鼓励苏区军民坚持斗争，相信红军一定会打回来，革命一定会成功。

教导团走后，鄂西北苏区的武装力量大为减弱，柳直荀率领房县苏区地方武装，掩护群众安全转移到上龛山区，开展游击斗争，但在敌人的围攻下，斗争日益艰难。

2月中旬，柳直荀也接到赶去监利周老嘴参加湘鄂西区第四次党代表大会的通知，于是遵令离开红25师前往参会。

途经秭归，准备在牛镇码头坐船前往洪湖苏区时，柳直荀抽时间给柳瑟虎写了一封信。信中写道："兄近来身体一如往日，虽在忙碌中仍不感疲乏。"柳直荀献身革命事业的乐观精神跃然纸上。谁承想，这封信竟是柳直荀留给后人的最后一封家书。

中共湘鄂西区第四次党代表大会，于1932年1月22日至30日在监利县周老嘴召开，会议由中央分局书记夏曦主持。大会代表127人，代

表2.2万多名党员。在中共中央湘鄂西分局成立后的近一年时间里，由于夏曦坚决执行"左"倾错误路线，使湘鄂西的革命工作受到严重损失，许多同志希望通过这次会议改变这种状况。而夏曦等人则希望通过这次大会，在"反立三路线"的旗帜下，进一步在湘鄂西贯彻党的六届四中全会的路线。

为此，会上代表们争论得十分激烈，贺龙、万涛、段德昌、潘家辰、彭国材等70多人都发言批评夏曦的错误。特别是万涛等人，就红3军主力返回洪湖苏区后的争论，指出夏曦的错误，得到绝大多数代表的赞同。但是，因夏曦得到中央"左"倾错误路线领导的支持，代表大会未能达到大家希望的结果，反而以大会决议的形式，从组织上肯定了"左"倾教条主义的纲领，从而全面确立了"左"倾错误路线对湘鄂西党组织的统治，大会对湘鄂西的革命工作造成了灾难性的后果。

1932年3月，柳直荀来到监利县周老嘴。当他了解到会议情况后，便旗帜鲜明地站在贺龙等人一边，坚决反对夏曦执行王明"左"倾教条主义错误路线。他理直气壮地说:"我们必须以毛泽东工农武装割据的思想为指导,建立农村革命根据地。在土地革命运动中,我们要从实际出发,从有利于革命出发,来制定相适应的经济政策和土地政策。"柳直荀的正义之声和坚定态度,得到了大家的赞同,却引起中央分局领导的极度不满。

4月,鉴于进一步严峻的斗争形势,分特委决定率红25师及房县游击大队和地方干部退出鄂西北根据地转往洪湖。部队在经过兴山时与在当地坚持战斗的独立2团会合,柳直荀遂将独立2团与红25师余部合并,编为红3军第4路游击队,共千余人,经兴山、远安、荆门等地辗转进入洪湖根据地。部队在熊口改称鄂西北独立团。不久,该独立团与洪湖独立团合编成红3军第8师,柳直荀被任命为红8师政治委员。

3月中下旬至4月初,国民党军集中3个师不下15个团的兵力逐次向洪湖苏区进犯。柳直荀同段玉林率部至襄北指挥战斗。此时,夏曦全面推行"左"倾错误路线,完全放弃了贺龙、段德昌和柳直荀一贯运用的游击战与运动战相结合的军事原则，强令红3军以劣势兵力连续作战，打阵地战、攻坚战，在瓦庙集与国民党优势兵力对决，激战七天七夜，虽使敌人受到一定打击，但红军自身消耗更大，很多优秀指战员壮烈牺牲。因反对夏曦而被从红8师师长降为红25团团长的许光达也身负重伤，被抬回设在监利的军总医院，经一番抢救后被送往上海治疗，才得以侥幸逃脱后面"肃反"对他的捕杀。

柳直荀对夏曦瞎指挥，让红军与强敌硬拼消耗很有意见。他向段玉林说："夏曦这人我太熟悉了，虚荣心强，官瘾大，但又没有为官的实际本领。马日事变前他当上了湖南省委书记没几天，听到了敌人要镇压工农运动的风声后，不是组织领导怎样去应付突变局面，而是临阵脱逃。马日事变中工会、农协受到那么大的损失，他是有责任的。他根本不懂军事，却要会打仗的人听他的，这不是天大的笑话！"贺龙也气愤地对柳直荀说："这哪里是打仗，是叫花子与龙王爷比宝！"柳直荀听了直摇头叹息。

5月16日，中共中央湘鄂西分局领导夏曦不顾敌人大军压境的紧迫现状，仍然作出决议，把"肃反"当作"最紧迫、最突出"的中心工作，"肃反"进一步扩大化。夏曦还改组政治保卫局，成立"肃反"委员会，亲自担任书记，然后坐镇周老嘴，开展大规模的"肃反"运动。

　　他们把一大批持不同意见的苏区党政军高级领导干部，都污蔑成国民党改组派，加以逮捕杀害。夏曦在军队中"肃反"更为荒唐，他把战斗中指挥员的一些缺点错误，都当成改组派罪行抓捕审判，首先逮捕了红8师师长段玉林。接着逮捕了红8师参谋长胡慎己等人，还把胡慎己因工作记在笔记本上的党员、干部名单也诬陷成改组派，逐一加以逮捕，然后再严刑逼供、步步株连，涉及的范围越来越广，抓的人越来越多。

　　柳直荀见许多红军高级将领、亲密战友都被捕杀了，十分气愤地跑到周老嘴质问夏曦说："老夏，我们是老熟人、老战友，你这是搞的什么'肃反'，把革命同志当成敌人，做出这些令亲者痛、仇者快的错误行为。"夏曦反驳道："柳直荀，你反中央的倾向很危险，你这种思想状况已不适应在部队工作，我看你就不要回部队了，现任命你为省苏维埃政府财政部部长，管管财政和经济。"又说："财政部部长王恩平、经济部部长栩栩都是改组派，已经抓起来了。还有万涛、潘家辰等人都被我关押起来了。"柳直荀一听便气愤地说道："夏曦，你这是自毁长城，下毒手杀人太多，决没有好下场！"两人不欢而散。夏曦对柳直荀早就怀恨在心，现在又见到柳直荀当面反对他，便恼羞成怒。过了几天，又下令撤销柳直荀红8师政治委员和省财政部部长的职务。随后，给柳直荀加上种种莫须有的罪名，加以逮捕。

1932年6月，蒋介石调集10余万兵力，对湘鄂西根据地进行第四次"围剿"。在这严峻形势下，夏曦还在搞所谓"火线肃反"，极大地内耗了红军的战斗力。在反"围剿"中，夏曦又不接受贺龙、段德昌的正确意见，没有采纳使用游击战术、从外线打击敌人的建议，而是分兵把守打阵地战，实行"两个拳头打人"的策略，使红3军失去了粉碎敌人"围剿"的有利时机，不得不撤离根据地，仓促突围。

在突围前夕，夏曦背着贺龙等人，不顾许多人的反对，将被关押的人员全部杀掉。就在中秋节的前一天，柳直荀在监利县周老嘴心慈庵惨遭杀害。当行刑者问柳直荀想要留下什么话时，他只说了一句话："请组织把我的问题搞清楚之后，再把我的死讯告诉我的妻子，告诉她我是一个正直的共产党员！"这催人泪下的遗言，充满了对党至死不渝的忠诚和对妻子的无限深情。

柳直荀牺牲时年仅 34 岁。两年后，柳直荀战斗过的这支部队，从湖北走出，最终在党的领导下成为长征三大主力红军之一。

1945 年 4 月 20 日，党的六届七中全会通过了《关于若干历史问题的决议》。该决议着重清算了王明"左"倾教条主义错误路线对全党的严重危害，为段德昌、柳直荀等一大批同志恢复了名誉。柳直荀终于洗冤雪耻，得到了党和人民公正而高度的评价。

杨柳成佳话

柳直荀牺牲后，国民党反动派在长沙到处搜捕柳直荀的夫人李淑一。在白色恐怖的形势下，李淑一经党组织和同志们的帮助，带上两个孩子转移到贵州等地躲避。新中国成立后，母子三人回到长沙。1950年1月，李淑一给毛泽东主席写了一封信。4月18日，毛泽东给李淑一回信。信中说："来信收到。直荀牺牲，抚孤成立，艰苦备尝，极为佩慰。学习马列主义，可于工作之暇为之，不必远道来京，即可达到目的。肖聘午亭两位老先生前乞为致候。"

1957年1月，毛泽东诗词十八首在《诗刊》创刊号发表。李淑一读后，感慨万千，她把自己的感想写信告诉毛泽东，并附上她在1933年所写的思念丈夫柳直荀的《菩萨蛮·惊梦》一词，求教于毛泽东。她信中写道："主席好，我向您请安了！拜读您的光辉诗词倍感亲切和鼓舞，使我夜不能寐，无时不在思念直荀的下落。1933年夏，道路传言，直荀牺牲，我结想成梦，大哭而醒，和泪填《菩萨蛮·惊梦》词一首。现寄上求教主席！"

李淑一在《菩萨蛮·惊梦》一词中这样写道：

兰闺索寞翻身早，
夜来触动离愁了。
底事太难堪，
惊侬晓梦残。
征人何处觅？
六载无消息。
醒忆别伊时，
满衫清泪滋。

李淑一还回想起早年毛泽东曾用《虞美人》的词牌填过一首词赠予杨开慧，但除了开头两句外，其余记不起来了。于是在信中还要求毛泽东把他从前赠杨开慧的那首词抄给她。

1957年5月11日，毛泽东回信给李淑一。信中写道："惠书收到。过于谦让了。我们是一辈的人，不是前辈后辈关系，你所取的态度不适当，要改。"毛泽东在信中又说："大作读毕，感慨系之。开慧所述那一首不好，不要写了吧。有《游仙》一首为赠。这种游仙，作者自己不在内，别于古之游仙诗。但词里有之，如咏七夕之类。我失骄杨君失柳，杨柳轻飏直上重霄九。问讯吴刚何所有，吴刚捧出桂花酒。寂寞嫦娥舒广袖，万里长空且为忠魂舞。忽报人间曾伏虎，泪飞顿作倾盆雨。暑假或寒假你如有可能，请到板仓代我看一看开慧的墓。此外，你如去看直荀的墓的时候，请为我代致悼意。你如见到柳午亭先生时，请为我代致问候。午亭先生和你有何困难，请告。为国珍摄！"

毛泽东以这首《游仙》对《惊梦》，十分贴切，更别有新意。开篇第一句"我失骄杨君失柳"，明确道出悼亡之意，长歌当哭，却又不失豪情，为全文定下了慷慨激昂的基调。词中的"骄杨"，是指毛泽东的夫人杨开慧，"柳"是指李淑一的爱人柳直荀。同时，"杨柳"还有双关的修辞效果，既切合两位烈士之姓，又可喻之为洁白的杨花柳絮，此乃天造地设，浑然天成。李淑一在《惊梦》中问"征人何处觅？"而毛主席整首词就是回答李淑一这个问题，极其巧妙地围绕烈士去向，展开叙述和描写：他们成仙去了神话传说中的美丽月宫，受到嫦娥、吴刚的热情款待。这一奇妙的构思浑然天成，其妙答、妙对，可谓千古绝唱。全词犹如一幕精彩的短剧，地点：月宫；人物：二位成仙的烈士和吴刚、嫦娥；对话和情节：问讯吴刚，吴刚奉酒，嫦娥献舞；剧情高潮：忽报人间曾伏虎，泪飞顿作倾盆雨。这一幕一幕，将天上（月宫）和人间巧妙连接，演绎出一场天上人间的惊天地、泣鬼神的生动话剧。

李淑一收到毛泽东的复信后，当时正在李淑一执教的长沙第十中学实习的湖南师范学院语文系 3 年级的学生读到了信中的这首词，他们写信请求毛泽东同意将此词首次发表在他们"十月诗社"的诗刊《鹰之歌》上。

1957 年 11 月 25 日，毛泽东给湖南师范学院语文系学生张明霞回信，同意了他们的请求。毛泽东在信中写道："来信早收到，迟复为歉！《蝶恋花》一词可以在你们的刊物上发表。《游仙》改《赠李淑一》。祝你们好！"毛泽东还在"十月诗社"抄录并请求给予校正的词稿上，用笔将标题《蝶恋花·游仙》中的"游仙"二字删掉，改为"赠李淑一"。

由于后来《鹰之歌》停刊，这首词就改由湖南师院院刊《湖南师院》在1958年元旦特刊上公开发表，发表时题为《游仙（赠李淑一）》。很快，这首词在全国引起轰动。1958年1月5日，上海《文汇报》刊载这首词。1月7日，《人民日报》刊载，其标题为《蝶恋花（赠李淑一）》。《人民日报》刊发的诗词全文是：

　　我失骄杨君失柳，

　　杨柳轻飏，直上重霄九。

　　问讯吴刚何所有？

　　吴刚捧出桂花酒。

寂寞嫦娥舒广袖，

万里长空，且为忠魂舞。

忽报人间曾伏虎，

泪飞顿作倾盆雨。

1959 年 6 月 27 日，毛泽东回韶山时，特意在长沙接见了李淑一和杨开慧的兄嫂等人。毛泽东高兴地与李淑一合影留念，还把李淑一介绍给在座的有关同志和亲友："她就是李淑一，开慧的好朋友。她前年把怀念直荀的词寄给我，我就和了这首《蝶恋花》，完全是按照她的意思和的。"

相隔 30 年后与毛泽东的长沙相会，让李淑一激动的心情久久不能平复，于是提笔写下《毛主席招宴蓉园喜赋》："忆昔长沙识伟姿，重逢已是盛明时。卅年事业惊环宇，四海人民仰导师。话到忠魂弥恳挚，暖如朝日更温慈。九霄杨柳春常在，附骥深惭蝶恋词。"

两个多月后，李淑一退休来到北京。9 月 22 日，她把这首诗寄给毛泽东，并表达了想参加国庆观礼的愿望。27日，毛泽东给李淑一回信，并安排她参加了国庆十周年庆典观礼，实现了李淑一多年的愿望。在人民大会堂，她还观看了沈阳部队前进歌舞团演出的五幕大型舞剧《蝶恋花》。谢幕时，李淑一在鲜花丛中，动情地说："尽管时代不同了，咱们老一辈革命家的精神依然熠熠生辉。杨开慧、柳直荀等烈士的形象应该搬上舞台，只是将我也凑了上去，就受之有愧了。"

《蝶恋花（赠李淑一）》公开发表后，李淑一曾说："我在《菩萨蛮》里写道：'征人何处觅？六载无消息。'主席向我回答了'征人'的去处："杨柳轻飏直上重霄九。'我的《菩萨蛮》末两句是'醒忆别伊时，满衫清泪滋'。主席答我的是'忽报人间曾伏虎，泪飞顿作倾盆雨'。我是在想念传闻中牺牲了的亲人，主席答我烈士忠魂也因人民革命胜利而高兴落泪。主席的词写出了烈士的高尚革命气节和伟大革命精神，主席是了解他们的。"1963年12月，人民文学出版社出版《毛泽东诗词》时，删去了"游仙"二字，并把"赠"改为"答"，成为流传至今的《蝶恋花·答李淑一》。

这首脍炙人口的光辉诗篇，是毛泽东运用革命的现实主义和革命的浪漫主义相结合的手法所抒发出的一首杰作。上阕写两位烈士忠魂到月宫去受到仙人吴刚的殷勤款待，下阕写嫦娥为两位烈士忠魂表演歌舞表示欢迎，两位烈士忠魂听到革命胜利的消息，欢喜得掉下泪来。这首词，既表达出毛泽东对杨开慧、柳直荀两位革命烈士的无限崇敬和深厚感情，也写出了毛泽东对所有革命烈士最崇高、最热情的敬仰和歌颂！

09 尾声

　　英雄已逝，精神长存。1957年4月，中央人民政府内务部部长谢觉哉写信给柳直荀的夫人李淑一。他在信中写道："我和直荀同志相处过一个时期，熟悉他的品德，他是一个坚定的革命者、一个临难不苟的人。'何日平胡虏，良人罢远征'，胡虏平了，良人未还，然而良人的不朽业绩永远记在史册上，记在中国人民的心上。"

　　为了缅怀革命先烈，弘扬革命精神，1979年9月，经湖北省人民政府批准，监利县委、县政府拨出专款，在当年柳直荀牺牲的地方——周老嘴镇心慈庵修建了一座柳直荀烈士陵园，包括烈士纪念亭等设施并撰文立碑。后在此基础上扩建为占地面积80亩的柳直荀烈士纪念园。纪念园坐落于直荀大道，门口建有高大壮观的牌楼，内建有休闲广场、纪念活动广场、柳直荀石像、毛泽东《蝶恋花·答李淑一》词卷、浮雕、英烈墙、纪念碑、柳直荀墓、无名烈士墓和芙蓉桥等。

来到纪念园门口仿古牌坊式大门楼下，抬头就可看到门楼上的飞檐，像振翅起舞的蝴蝶，一曲荡气回肠的《蝶恋花·答李淑一》萦绕在耳际。一进门，镌刻着毛泽东《蝶恋花·答李淑一》的巨大卧碑迎面出现在眼前。后面耸立在广场中央的是柳直荀的汉白玉雕像，高3.4米，寓意着柳直荀牺牲时年仅34岁；花岗岩基座高1.898米，寓意着柳直荀1898年诞生。

柳直荀烈士纪念亭和烈士墓，掩映在一片翠绿挺拔的樟树之中，与芙蓉湖畔柔曼多姿的柳树相映成趣。烈士亭高6.7米，亭身由6根粗壮的红色圆柱对称地矗立撑起，亭顶六角，飞檐斗拱，亭面覆盖着黄色的琉璃瓦，鳞波迭次，金碧辉煌，朝辉夕烟。

纪念亭正中央立着一块青色的纪念碑，碑的正面镌刻着李淑一撰写的《题柳直荀烈士纪念碑》。长达190字的五言排律碑文成为后人了解

柳直荀的绝好教材:

　　八载相知久, 桃园缔令盟。马日伤离别, 征人何处寻。相思常入梦, 夜夜泪沾襟。含辛遵凤愿, 忧患抚孤成。四九平胡虏, 家国沐春风。一阕《蝶恋花》, 主席寄深情。昔日长桥柳, 早是伏虎人。为民求解放, 紧跟毛泽东。百折志不馁, 生死何足论。抵日驱张毒, 湘上召农军。八一举义旗, 洪湖佐贺龙。极左败大业, 遗骨楚江滨。临难不苟免, 身亡浩气存。翘首望月宫, 依依杨柳青。周老建亭碑, 属余作记铭。华颠遥祝愿, 后起作干城。团结戒自戕, 江山血铸成。安定奔四化, 酬志慰忠魂。他年庆功日, 毋忘播火人。

　　走出纪念亭, 高大的柳直荀烈士陵墓由青草覆盖着。墓前两边植有6株丰茂的笔松, 呈"八"字形排列, 长年郁郁葱葱, 静静地陪伴着长眠的烈士英灵。
　　柳直荀烈士墓的后面, 耸立着无名烈士墓。

与之并排而立、隔路相望的，还有革命烈士英名墙，黑色大理石上镌刻着4600多名革命烈士的英名，柳直荀烈士位列其中。正中央的大理石上，镌刻着中英文对照的说明文字，谨录如下：

监利，湘鄂西革命根据地的中心；监利，一片用革命先烈鲜血染红的沃土。在革命战争年代，监利有三十多万英雄儿女参军参战，有五万四千八百多名烈士英勇捐躯，用忠诚和豪情铸成了一座座巍然耸立的历史丰碑。

这里镌刻的是中国革命和建设时期在监利英勇献身的四千六百多名革命烈士的英名。还有更多烈士连姓名都没留下，而默默地融入了这片土地。这些无名烈士和刻名在此的烈士一样，用血肉之躯舞蹈生命的绝唱，与山河同在，共日月争辉，永远铭刻在人民心中。

革命烈士永垂不朽！

周老嘴是第二次国内革命战争时期湘鄂西革命根据地红色首府，纪念园内的芙蓉湖畔还建有湘鄂西苏区红色首府纪念馆，分历史馆、人物馆、柳直荀烈士纪念馆等部分，向来访者讲述当初在荆州大地上发生的一个个感人的革命故事。

革命精神传万代，伟大事业铭千秋。每逢清明节、烈士纪念日等重大纪念日，各界机关团体、大中小学师生都先后来到纪念园扫墓祭奠，接受革命传统教育。

1994年7月1日，柳直荀家乡长沙县建立直荀学校，学校名字和校训"缅怀先烈，勤奋学习"都由时任国务委员李铁映书写。在当地政府的支持下，直荀学校继承和弘扬了先烈优秀的品质，为国家培养了一大批优秀的学生，以告慰先烈在天之灵。

1998年5月30日，在柳直荀诞辰100周年之际，时任国务院总理朱镕基致信烈士之子柳晓昂。信中写道："直荀同志钟三湘灵秀，成革命先驱，忠诚为党，奋不顾身，惨作王明路线牺牲，长令后人掩史太息。淑一同志忠贞不易，艰苦备尝，得毛主席《蝶恋花》一词，传诵国人，足慰忠烈。"

2005年伊始，中央和各省区市主要新闻媒体、重点新闻网站，共同推出一组大型党史人物专栏"永远的丰碑"，讴歌我们党历史上涌现出来的优秀人物、革命先烈和劳动模范。2006年4月7日，该专栏以《魂飘重霄久》为题，介绍柳直荀烈士事迹，《人民日报》、《光明日报》、《解放军报》和中央人民广播电台等主流媒体同步在固定版面位置刊发、在固定时段播出，柳直荀烈士事迹得到广泛宣扬。

英雄虽已远去，但丰碑常在、精神永存，他们为祖国和人民建立的丰功伟绩永载史册，他们的崇高精神永远铭记在人民心中。今天，江潮奔涌千帆竞，荆楚大地谱新篇，一代代共产党人以革命先烈为榜样，忠诚使命、初心为民，全面落实以中国式现代化全面推进中华民族伟大复兴的战略部署，奋力谱写新时代高质量发展新篇章。

后 记

我们珍爱和平，所以更要缅怀那些在战火纷飞年代付出生命的革命先烈。革命胜利从来不是从天上掉下来的，不是别人拱手相让的，而是千千万万革命烈士用鲜血和生命换来的。

柳直荀，就是他们之中的一位卓越代表。他本是大户人家子弟，读的是教会大学，受的是西式教育，取得的是英文书写的文科学士学位，李淑一回忆丈夫，"窈窕个，洁白身，含默深沉"。这样一个"富二代"的文弱书生，毅然投身革命洪流，如同柳树一样，党将他栽到哪里，他就在哪里根深叶茂，不管身处顺境还是逆境，都能坚守正直、敢于斗争，始终以一名党员的标准严格要求自己，无所畏惧、一往无前，"蓬生麻中，不扶而直"，他用自己革命的一生，为"直荀"二字作出生动的诠释。

本书是在前人研究成果的基础上，从柳直荀平凡而伟大的一生中选取了一些最具代表性的英雄事迹，结合中国革命发展历程和英雄烈士光辉人生经历，在充分尊重史实的前提下，汇编成系列故事，力求在宏大历史潮流中写好人民的英雄，用感人的故事传递英雄伟大的精神。在编写过程中，得到军事科学院军队政治工作研究院领导、机关的大力支持，康月田、徐占权、岳思平、李博等多位军史专家进行了审读，提出了宝贵的意见。

主要参考的书籍和资料有：《中共党史人物传第二十四卷》（中国中共党史人物研究会／中国人民大学出版社）、《毛泽东早年挚友柳直荀》（李光荣著／湖北人民出版社）、《柳直荀》（本社编／湖南人民出版社）、湖湘英烈故事丛书《柳直荀》（蒋祖烜主编，汪继业著／湖南人民出版社）、《柳直荀》（王兰垣、李逸津等著／天津人民出版社）、《柳直荀传记》（熊传甫）、《柳直荀烈士诞辰100周年纪念专辑》（长沙县柳直荀烈士纪念馆汇编)、《中国共产党英烈小传（创刊号）》（西北师范学院政治系中共党史研究室／甘肃人民出版社）等。

在此，谨向关心和帮助此书出版的各位领导、各位专家学者，以及上述作者、编辑致以最诚挚的谢意！

图书在版编目（CIP）数据

柳直荀 / 军事科学院解放军党史军史研究中心编.
北京 : 学习出版社，2025.6. --（中华先烈人物故事汇）
. -- ISBN 978-7-5147-1352-7

Ⅰ. K827=6

中国国家版本馆 CIP 数据核字第 2025R3G858 号

柳直荀

LIU ZHIXUN

军事科学院解放军党史军史研究中心

责任编辑：沈潇萌		封面绘画：刘书移	
技术编辑：胡　啸		内文插图：韩新维	
美术编辑：杨　洪		装帧设计：楠竹文化	

出版发行：学习出版社
　　　　　北京市东城区崇外大街11号新成文化大厦B座11层
　　　　　（100062）
　　　　　010-66063020　010-66061634　010-66061646
网　　址：http://www.xuexiph.cn
经　　销：新华书店
印　　刷：北京联兴盛业印刷股份有限公司

开　　本：787毫米×1092毫米　1/32
印　　张：6.75
字　　数：87千字
版次印次：2025年6月第1版　2025年6月第1次印刷

书　　号：ISBN 978-7-5147-1352-7
定　　价：28.00元

如有印装错误请与本社联系调换，电话：010-66064915